Nagyon szeretlek!

UNGARISCHES WÖRTERBUCH FÜR ANFÄNGER

HELEN DAVIES
ZAKARIÁS EMESE

Illustrationen: John Shackell
Entwurf: Brian Robertson
Herausgeber: Nicole Irving

HOLNAP KIADÓ

Inhalt

Über das Wörterbuch

Das vorliegende zweisprachige visuelle Wörterbuch enthält über 2000 Wörter und Wendungen, die in unterschiedlichen Situationen verwendet werden können. Der behandelte Wortschatz ist thematisch geordnet und er deckt die meisten Bereiche des Alltagslebens ab. Das gesuchte Wort kann jedoch nicht nur anhand des Themenkreises gefunden werden, in dem es vorkommt, sondern auch mit Hilfe des deutsch-ungarischen Vokabulars am Ende des Buches. Um die Benutzung des Wörterbuches zu erleichtern, wurden die Substantive in Antiqua gesetzt (név ‚der Name‘), die Adjektive (*német* ‚deutsch‘), die Verben (*utazik* ‚reisen‘) sowie die weiteren Wortarten und Wendungen (*Viszontlátásra!* ‚Auf Wiedersehen!‘) wurden kursiviert.

Das Verb

Verben drücken Handlungen, Geschehen und Zustände aus und bilden das Gerüst des Satzes. In einem ungarischen Wörterbuch findet man immer die Verbform 3. Person Singular (*vár* ‚er/sie wartet‘). Diese Form kann mit verschiedenen Endungen versehen werden, die sich auf die Person, Zeit usw. beziehen (*vár* ‚er/sie wartet‘ – *vár**t*** ‚er/sie wartete‘). Die wichtigsten Endungen und Bildungsregeln werden in der Kurzgrammatik tabellarisch zusammengefasst, und die in Klammern angegebenen Informationen der Wörterliste sollen auch zum richtigen Gebrauch der ungarischen Verben beitragen.

Das Substantiv

Im Ungarischen gibt es kein grammatisches Geschlecht. Der bestimmte Artikel lautet *a/az*. Welche Form benutzt wird, hängt davon ab, ob das folgende Wort mit einem Vokal oder mit einem Konsonanten anfängt (***a n**agymama* ‚die Großmutter‘ – ***az a**nya* ‚die Mutter‘).

Die Pluralform der Substantive wird mit der Endung *-k* bzw. *-ok/-ek/-ök* gebildet (*fiú – fiú**k*** ‚Junge – Jungen‘, *gyerek – gyerek**ek*** ‚Kind – Kinder‘). Die Pluralform bzw. einige weitere wichtige Endungen der im Wörterbuch erscheinenden Substantive werden im deutsch-ungarischen Vokabular hinter dem Substantiv in Klammern angegeben.

Diese Endungen können auf Verschiedenes hindeuten, beispielsweise auf den Besitzer von etwas (*vonat* ‚Zug‘ – *vonat**om*** ‚mein Zug‘) oder den Besitz. Dort, wo im Deutschen eine Präposition mit einem Kasus verwendet wird, steht im Ungarischen meistens auch eine bestimmte Endung (*a könyv**ben*** ‚im Buch‘). Weitere Informationen zur Bildung dieser Formen sind der Kurzgrammatik zu entnehmen.

Das Adjektiv

Wenn Adjektive dazu dienen, die Eigenschaft des folgenden Substantivs anzugeben, stehen sie vor dem Substantiv und bleiben unverändert (*hosszú történet* ‚eine lange Geschichte‘). Stehen sie nicht vor einem Substantiv, erhalten sie Endungen. Über weitere Gebrauchsregeln und über die Steigerung der Adjektive gibt die Kurzgrammatik Auskunft.

Begegnungen

Szia!	Hallo!	**férfi**	der Mann
Viszontlátásra!	Auf Wiedersehen!	**nő**	die Frau
A közeli viszontlátásra!	Bis bald!	**kisbaba**	das Baby
kezet fog	die Hand geben	**fiú**	der Junge
puszit ad	küssen	**lány**	das Mädchen

bemutat	vorstellen	**találkozik**	treffen
barátnő	die Freundin	**Hogy van?/**	Wie geht es Ihnen?/
barát	der Freund	**Hogy vagy?**	Wie geht es Dir?
		Köszönöm, jól.	Danke, gut.

beszélget	sich unterhalten
Igen.	Ja.
Nem.	Nein.
Szerintem is.	Das meine ich auch.
mond	sagen
elneveti magát	in Gelächter ausbrechen

név	der Name
vezetéknév	der Nachname
utónév	der Vorname
Hogy hívnak?	Wie heißt du?
… vagyok.	Ich heiße …
Ő …	Er/Sie heißt …

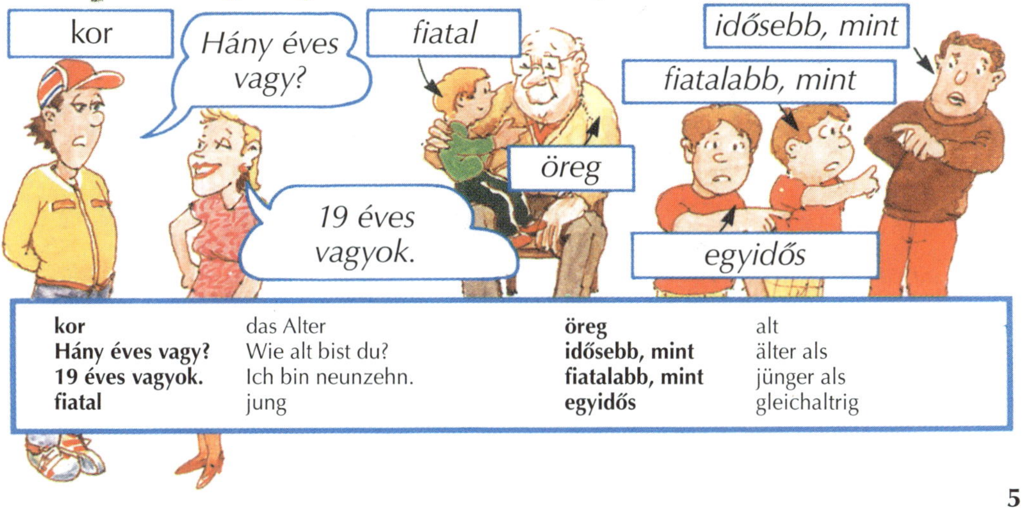

kor	das Alter	**öreg**	alt
Hány éves vagy?	Wie alt bist du?	**idősebb, mint**	älter als
19 éves vagyok.	Ich bin neunzehn.	**fiatalabb, mint**	jünger als
fiatal	jung	**egyidős**	gleichaltrig

Die Familie

család	die Familie	**nagyapa**	der Großvater
apa	der Vater	**nagyanya**	die Großmutter
anya	die Mutter	**nagynéni**	die Tante
fiútestvér	der Bruder	**nagybácsi**	der Onkel
lánytestvér	die Schwester	**unokanővér**	die Kusine
		unokafivér	der Cousin

rokona valakinek	verwandt sein mit	**(lány)unoka**	die Enkelin
fia	der Sohn	**kedvel**	lieb haben
lánya	die Tochter	**unokaöcs**	der Neffe
felnevel	aufziehen	**unokahúg**	die Nichte
(fiú)unoka	der Enkel		

feleség	die Ehefrau
férj	der Ehemann
szülők	die Eltern
szeret	lieben
gyerekek	die Kinder
ikrek	die Zwillinge
egyke	das Einzelkind

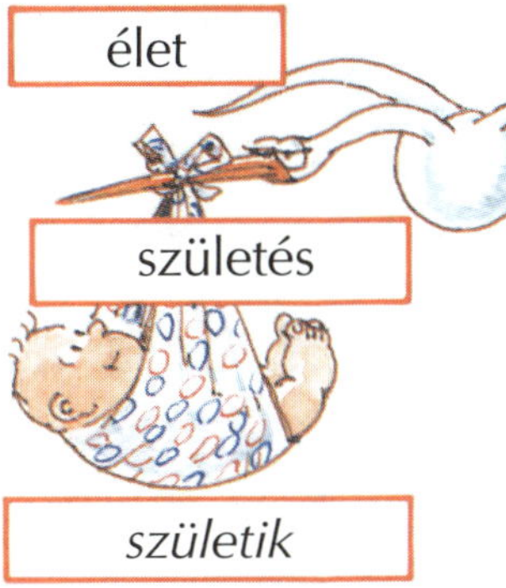

élet	das Leben	**esküvő**	die Hochzeit
születés	die Geburt	**dolgozik**	arbeiten
születik	geboren werden	**öregkor**	das Alter
gyerekkor	die Kindheit	**halál**	der Tod
házasság	die Ehe	**meghal**	sterben
összeházasodik	heiraten	**temetés**	die Beerdigung

Eigenschaften

csinos	hübsch
jól néz ki	gut aussehend
erős	stark
gyenge	schwach
sovány	dünn
karcsú	schlank
kövér	dick

szőke haja van	blonde Haare haben
barna haj	braune Haare
vörös haj	rote Haare
sima haj	glatte Haare
göndör haj	lockige Haare
frufru	der Pony
copf	die Zöpfe
kopasz	eine Glatze haben

udvarias	höflich
udvariatlan	unhöflich
nagyvonalú	großzügig
idétlen	albern
félénk	schüchtern
barátságos	freundlich
vicces	lustig
vidám	fröhlich
rosszkedvű	schlecht gelaunt

bőrszín	der Teint	**szemüveges**	eine Brille tragen
barna	braun	**mosolyog**	lächeln
világos bőrű	hellhäutig	**nevet**	lachen
szeplő	Sommersprossen	**sír**	weinen
bajuszos	einen Schnurrbart haben	**ráncolja a homlokát**	die Stirn runzeln
szakállas	einen Bart haben		

Der Körper

fej	der Kopf
haj	die Haare
arc	das Gesicht
bőr	die Haut
szem	das Auge
orca	die Backe
orr	die Nase
fül	das Ohr
száj	der Mund
fog	der Zahn
nyelv	die Zunge
ajak	die Lippe
nyak	der Hals
áll	das Kinn

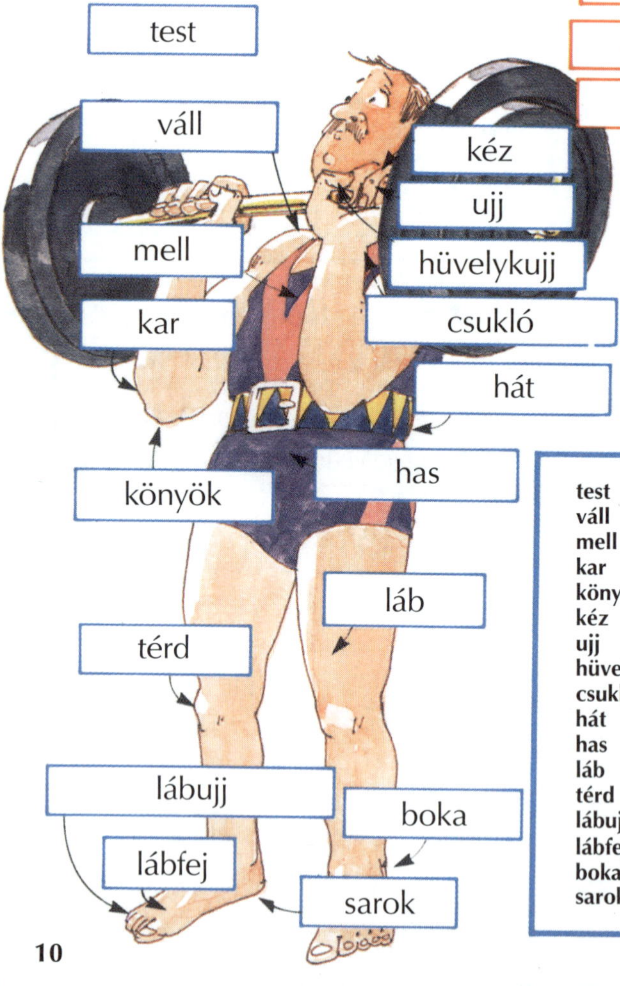

test	der Körper
váll	die Schulter
mell	die Brust
kar	der Arm
könyök	der Ellbogen
kéz	die Hand
ujj	der Finger
hüvelykujj	der Daumen
csukló	das Handgelenk
hát	der Rücken
has	der Bauch
láb	das Bein
térd	das Knie
lábujj	der Zeh
lábfej	der Fuß
boka	der Knöchel
sarok	die Ferse

nagy	groß sein
kicsi	klein sein
megméri magát	sich wiegen
könnyű	leicht sein
nehéz	schwer sein

bal oldal	die linke Seite
jobb oldal	die rechte Seite

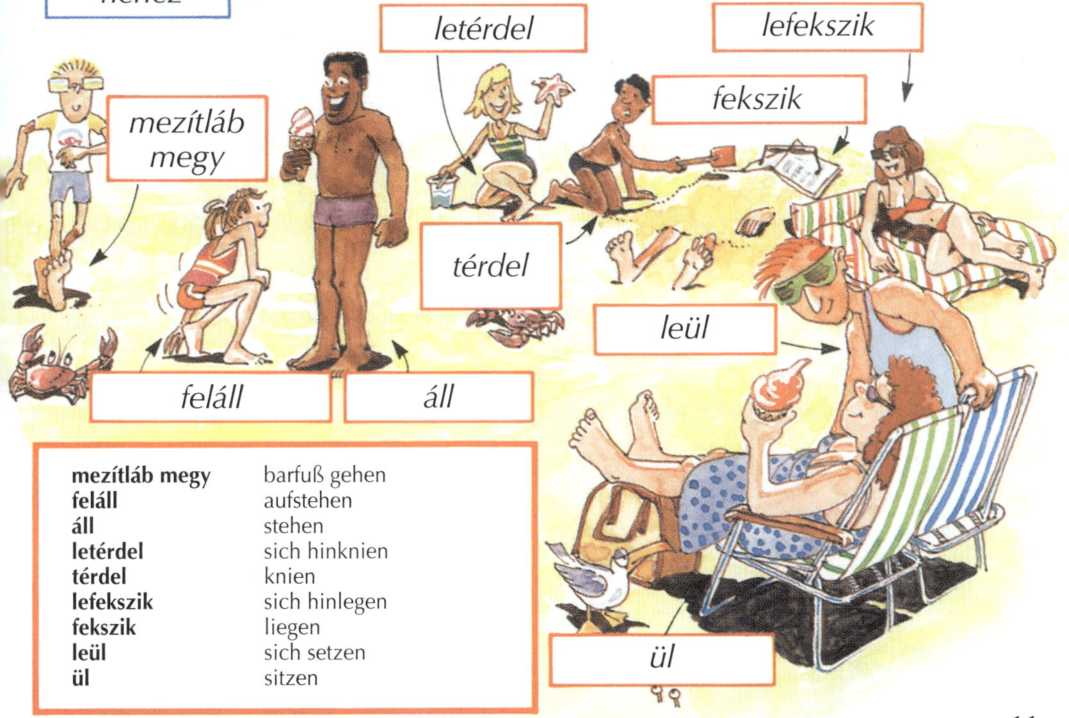

mezítláb megy	barfuß gehen
feláll	aufstehen
áll	stehen
letérdel	sich hinknien
térdel	knien
lefekszik	sich hinlegen
fekszik	liegen
leül	sich setzen
ül	sitzen

Haus und Wohnung

lakóház	das Wohnhaus
lakás	die Wohnung
Itthon vagyok.	Ich bin zu Hause.
második emelet	der zweite Stock
lakásajtó	die Wohnungstür
csengő	die Klingel
csenget	klingeln
postaláda	der Briefkasten
lábtörlő	die Fußmatte
erkély	der Balkon
első emelet	der erste Stock
házmester	der Hausmeister
beköltözik	einziehen
földszint	das Erdgeschoss

ház	das Haus
egy házban lakik	in einem Haus wohnen
szomszédasszony	die Nachbarin
tulajdonosnő	die Eigentümerin
tulajdonos	der Eigentümer
kiköltözik	ausziehen
bérlő	der Mieter
alagsor	das Untergeschoss

füst	der Rauch
tető	das Dach
kémény	der Schornstein
padlás	der Dachboden
ablak	das Fenster
fal	die Wand
ajtó	die Tür
vécé	die Toilette
hálószoba	das Schlafzimmer
fürdőszoba	das Badezimmer
konyha	die Küche
ebédlő	das Esszimmer

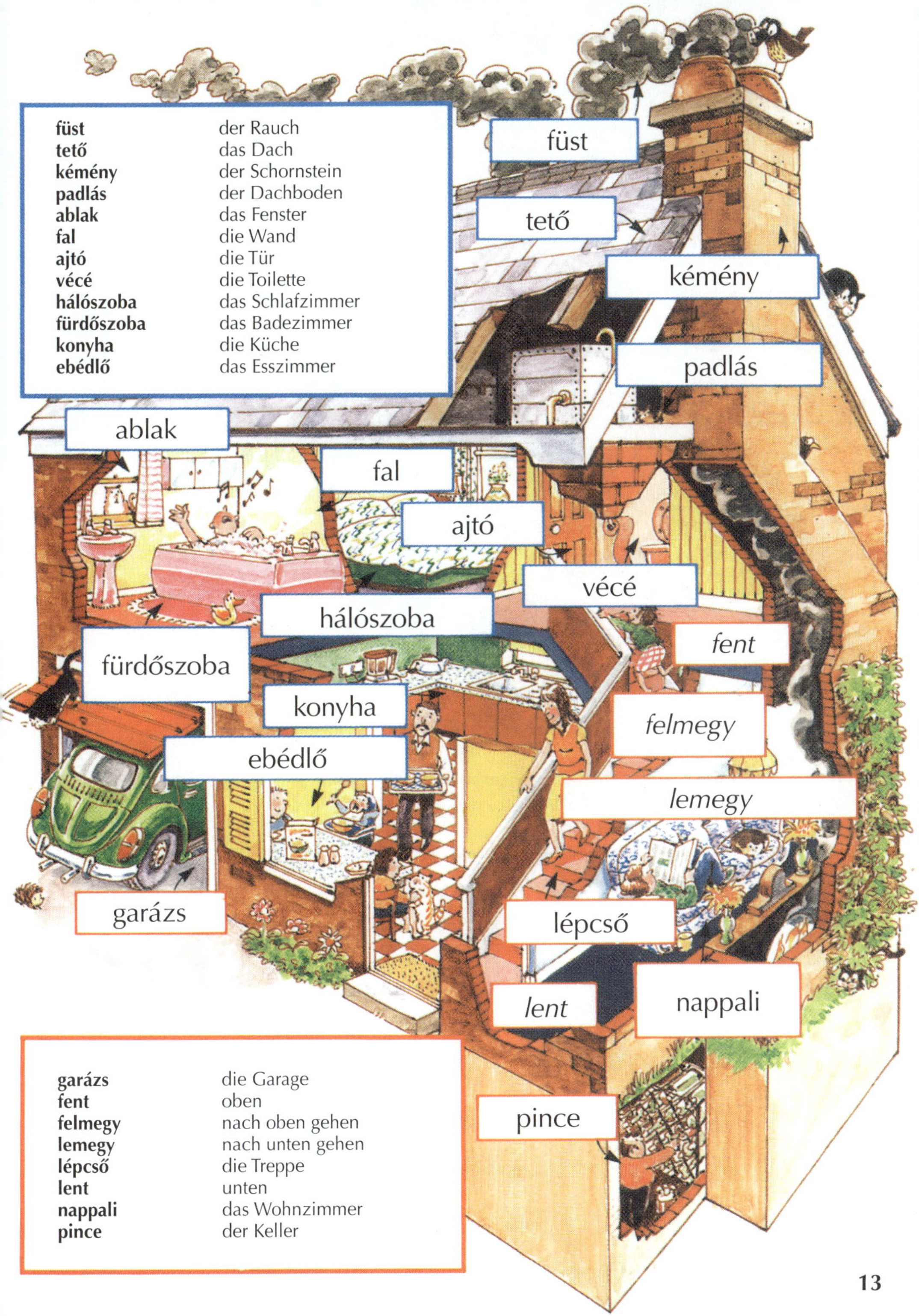

garázs	die Garage
fent	oben
felmegy	nach oben gehen
lemegy	nach unten gehen
lépcső	die Treppe
lent	unten
nappali	das Wohnzimmer
pince	der Keller

Esszimmer und Wohnzimmer

ebédlő	das Esszimmer
lámpa	die Lampe
fűtőtest	der Heizkörper
asztal	der Tisch
szék	der Stuhl
padló	der Fußboden
szőnyeg	der Teppich

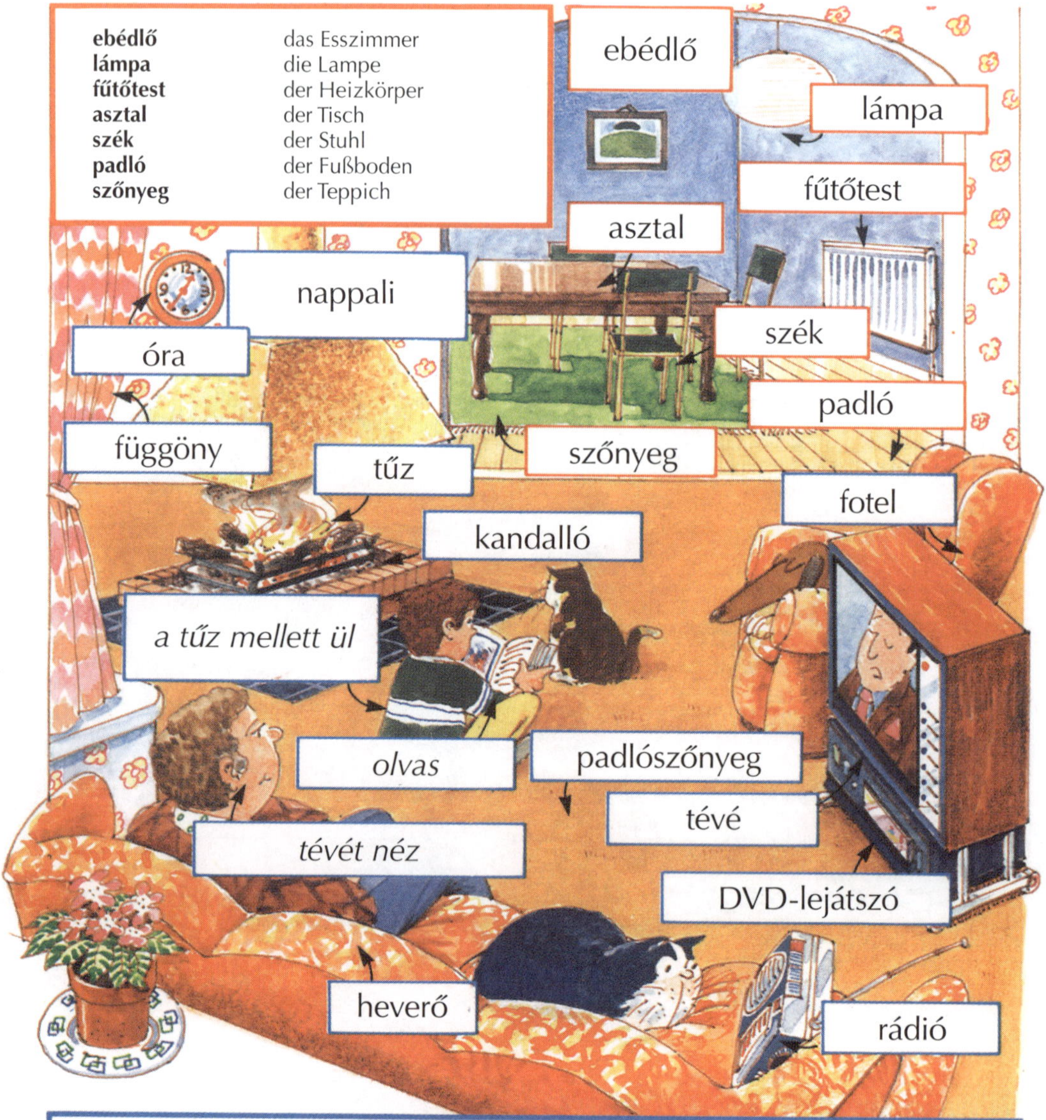

nappali	das Wohnzimmer
óra	die Uhr
függöny	der Vorhang
tűz	das Feuer
kandalló	der Kamin
fotel	der Sessel
a tűz mellett ül	am Kamin sitzen
olvas	lesen
heverő	das Sofa
tévét néz	fernsehen
padlószőnyeg	der Teppichboden
tévé	der Fernseher
DVD-lejátszó	der DVD-Player
rádió	das Radio

In der Küche

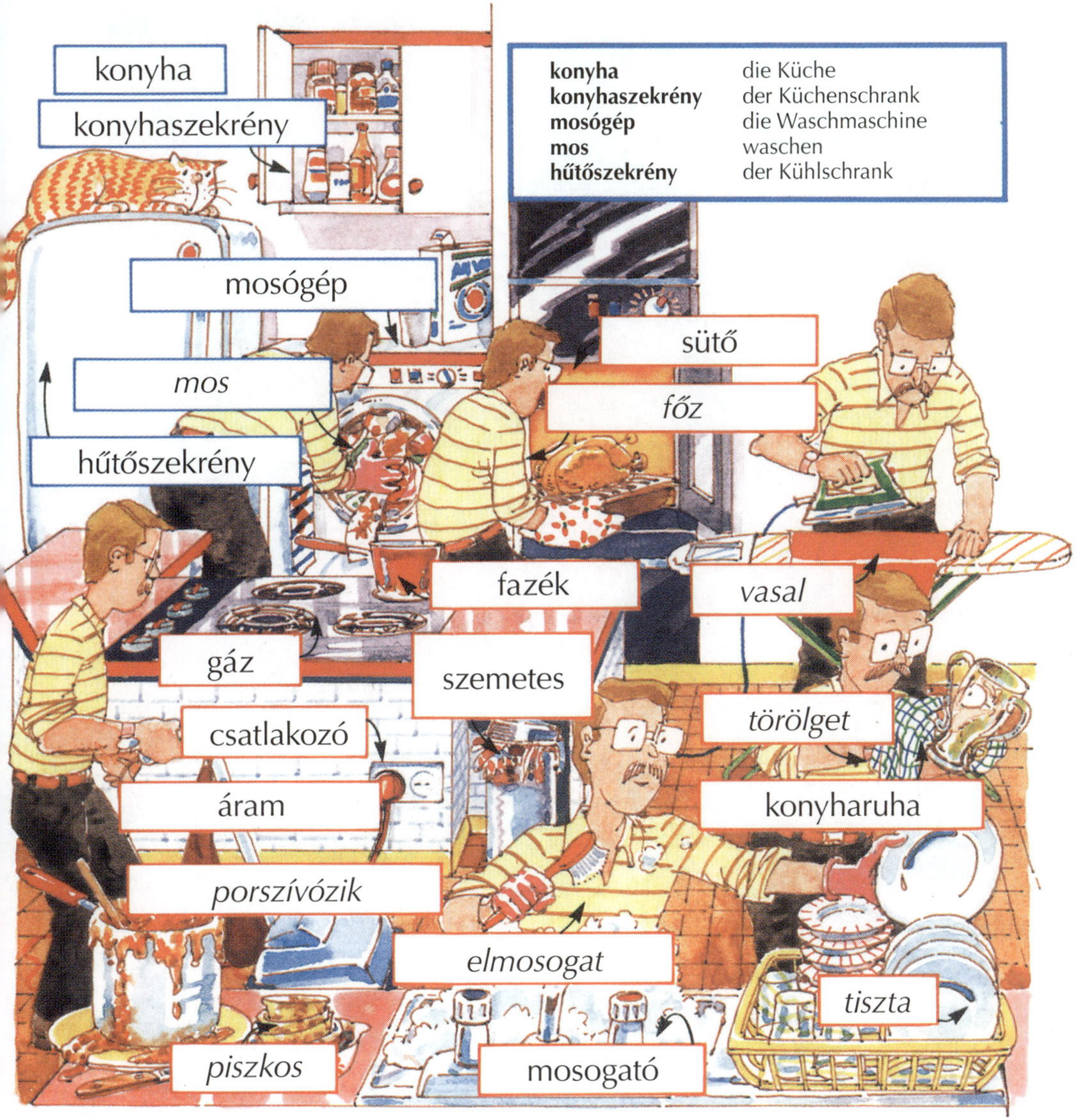

konyha	die Küche
konyhaszekrény	der Küchenschrank
mosógép	die Waschmaschine
mos	waschen
hűtőszekrény	der Kühlschrank

sütő	der Backofen	**porszívózik**	staubsaugen
főz	kochen	**elmosogat**	abwaschen
fazék	der Kochtopf	**piszkos**	schmutzig
gáz	das Gas	**mosogató**	die Spüle
szemetes	der Mülleimer	**törölget**	abtrocknen
vasal	bügeln	**konyharuha**	das Geschirrtuch
csatlakozó	der Stecker	**tiszta**	sauber
áram	der Strom		

Im Garten

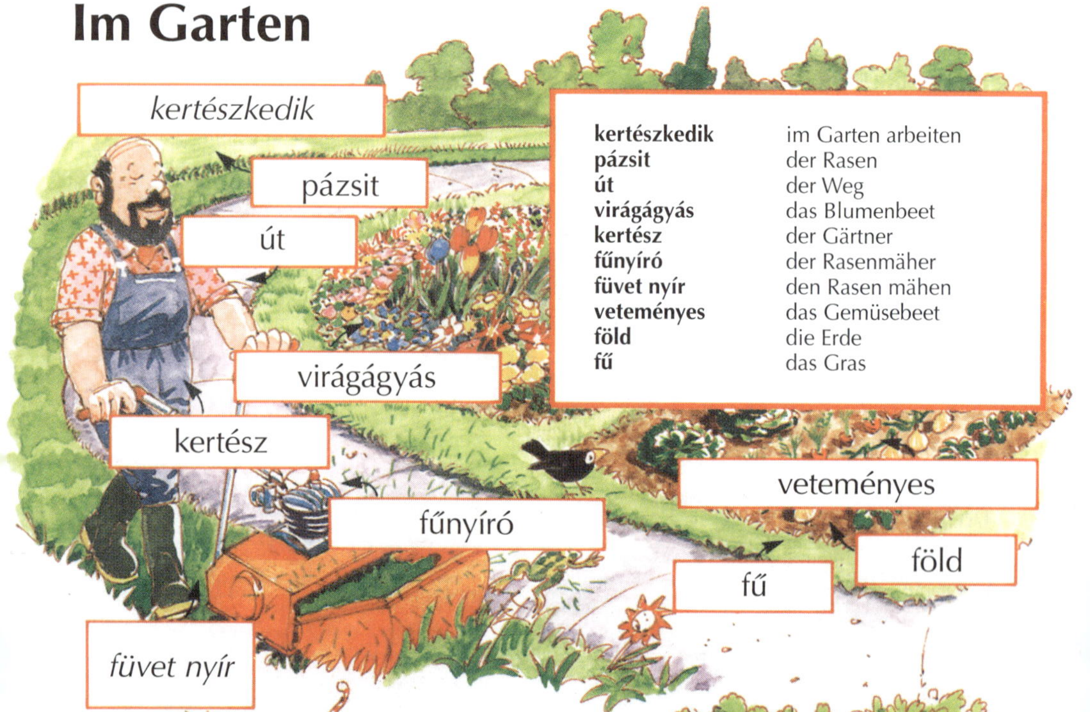

kertészkedik	im Garten arbeiten
pázsit	der Rasen
út	der Weg
virágágyás	das Blumenbeet
kertész	der Gärtner
fűnyíró	der Rasenmäher
füvet nyír	den Rasen mähen
veteményes	das Gemüsebeet
föld	die Erde
fű	das Gras

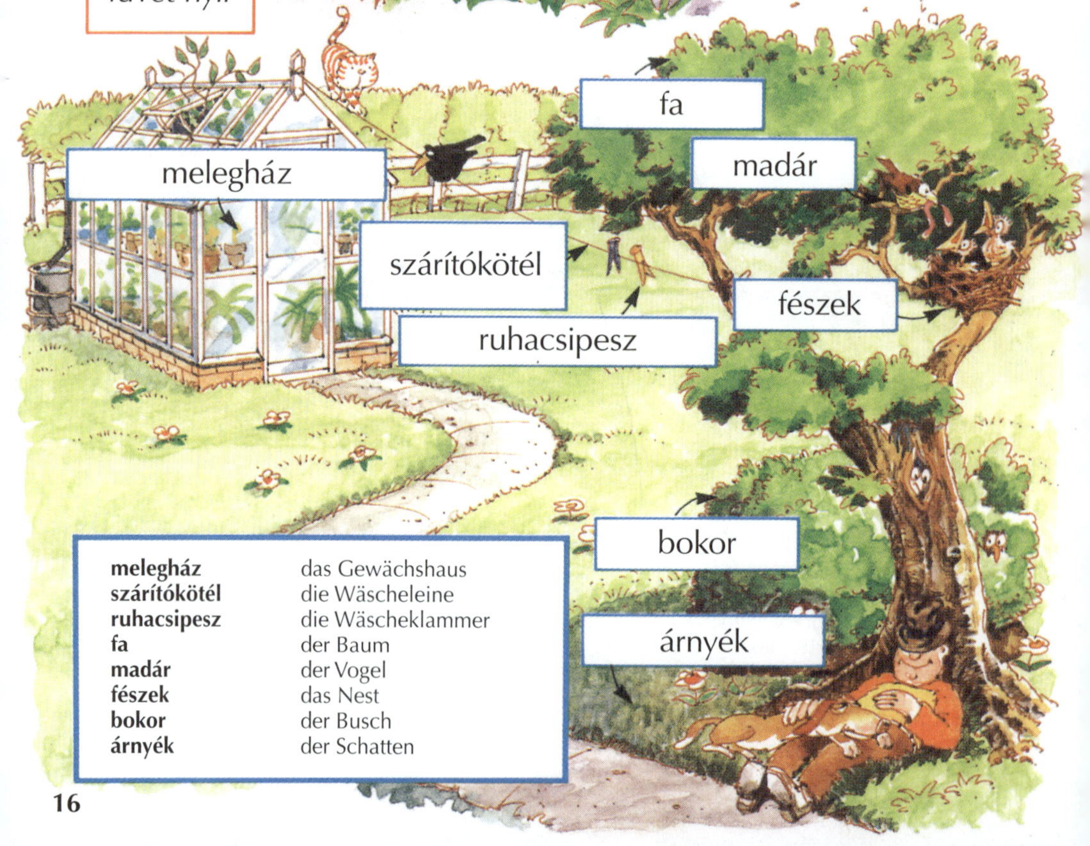

melegház	das Gewächshaus
szárítókötél	die Wäscheleine
ruhacsipesz	die Wäscheklammer
fa	der Baum
madár	der Vogel
fészek	das Nest
bokor	der Busch
árnyék	der Schatten

méh	die Biene	**tulipán**	die Tulpe
pillangó	der Schmetterling	**nefelejcs**	das Vergissmeinnicht
darázs	die Wespe	**nárcisz**	die Osterglocke
megcsíp	stechen	**mag**	der Samen
rózsa	die Rose	**ültet**	pflanzen
illatos	duftend	**virághagyma**	die Blumenzwiebel
tarka	bunt	**gyomlál**	Unkraut jäten
dália	die Dahlie	**gyom**	das Unkraut
muskátli	die Geranie		

fészer	der Schuppen
talicska	die Schubkarre
lapát	die Schaufel
gereblye	die Harke
ásó	der Spaten
villa	die Gabel
öntözőkanna	die Gießkanne

Unsere Lieblinge

kutya	der Hund
kutyaól	die Hundehütte
kiskutya	der junge Hund
bunda	das Fell
mancs	die Pfote
játékos	verspielt
ugat	bellen
VIGYÁZZ, HARAPÓS KUTYA!	VORSICHT BISSIGER HUND!
kerget	jagen
odavisz	bringen
farok	der Schwanz
csóválja a farkát	mit dem Schwanz wedeln
morog	knurren
kutyát sétáltat	den Hund ausführen

macska	die Katze
kosár	der Korb
dorombol	schnurren
kiscica	das Kätzchen
nyávog	miauen
nyújtózkodik	sich strecken
karom	die Kralle
puha	weich
aranyos	niedlich

törpepapagáj	der Wellensittich	**házinyúl**	das Kaninchen
gubbaszt	hocken	**teknős**	die Schildkröte
szárny	der Flügel	**ketrec**	der Käfig
csőr	der Schnabel	**etet**	füttern
toll	die Feder	**aranyhal**	der Goldfisch
hörcsög	der Hamster	**egér**	die Maus
sün	der Igel	**üvegedény**	das Goldfischglas
tengerimalac	das Meerschweinchen		

Aufstehen

felébred	aufwachen
Jó reggelt!	Guten Morgen!
dörzsöli a szemét	sich die Augen reiben
ásít	gähnen
ébresztőóra	der Wecker

felkel	aufstehen
elhúzza a függönyt	die Vorhänge aufziehen
köntös	der Morgenmantel

zuhany	die Dusche
zuhanyozik	duschen
hajat mos	sich die Haare waschen
sampon	das Shampoo
(meg)mosakszik	sich waschen
szappan	die Seife
mosdókesztyű	der Waschlappen
törülközik	sich abtrocknen
törülköző	das Handtuch
meztelen	nackt

borotválkozik	sich rasieren
tükör	der Spiegel
villanyborotva	der Rasierapparat
borotva	der Rasierer
borotvahab	der Rasierschaum

vízcsap	der Wasserhahn
meleg víz	heißes Wasser
hideg víz	kaltes Wasser
fogkrém	die Zahnpasta
fogkefe	die Zahnbürste
fogat mos	sich die Zähne putzen

hajat szárít	sich die Haare föhnen
hajszárító	der Föhn
hajkefe	die Haarbürste
fésű	der Kamm
fésülködik	sich die Haare kämmen
keféli a haját	sich die Haare bürsten

kifesti magát	sich schminken
szempillafesték	die Mascara
alapozó	das Make-up
rúzs	der Lippenstift
parfüm	das Parfüm

Sich anziehen

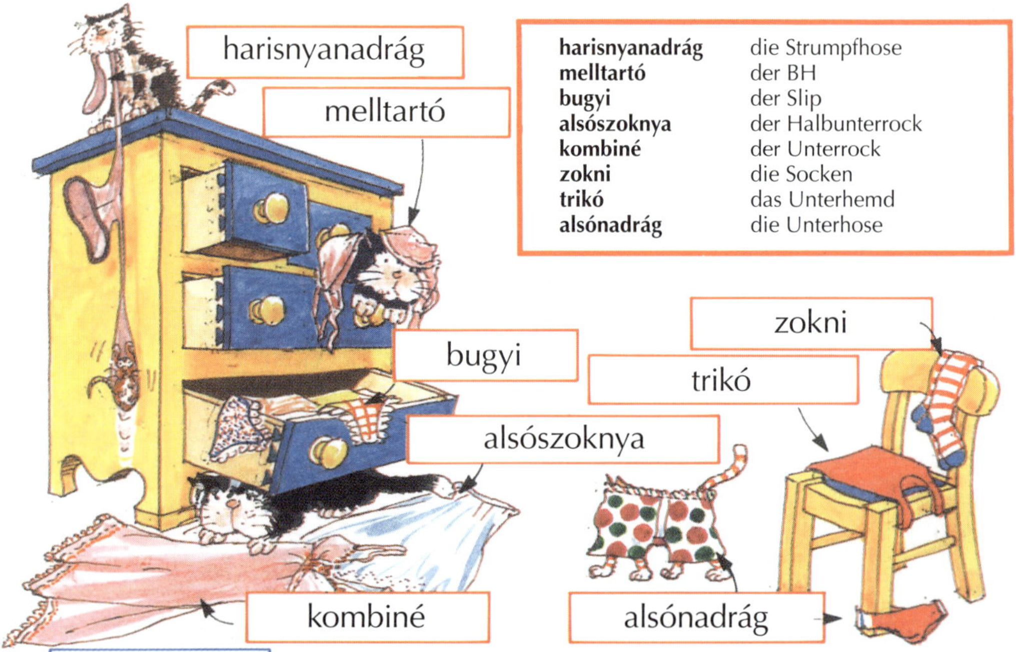

harisnyanadrág	die Strumpfhose
melltartó	der BH
bugyi	der Slip
alsószoknya	der Halbunterrock
kombiné	der Unterrock
zokni	die Socken
trikó	das Unterhemd
alsónadrág	die Unterhose

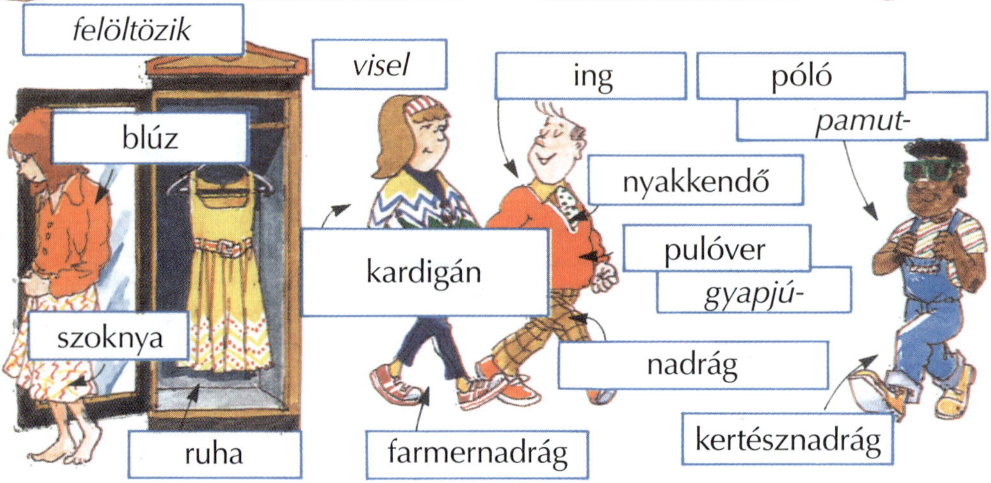

felöltözik	sich anziehen	**nyakkendő**	die Krawatte
blúz	die Bluse	**pulóver**	der Pullover
szoknya	der Rock	**gyapjú-**	aus Wolle
ruha	das Kleid	**nadrág**	die Hose
visel	tragen	**póló**	das T-Shirt
kardigán	die Strickjacke	**pamut-**	aus Baumwolle
farmernadrág	die Jeans	**kertésznadrág**	die Latzhose
ing	das Hemd		

ékszer	der Schmuck
fülbevaló	die Ohrringe
melltű	die Brosche
karkötő	das Armband
karóra	die Armbanduhr
gyűrű	der Ring
jegygyűrű	der Ehering
nyaklánc	die Halskette

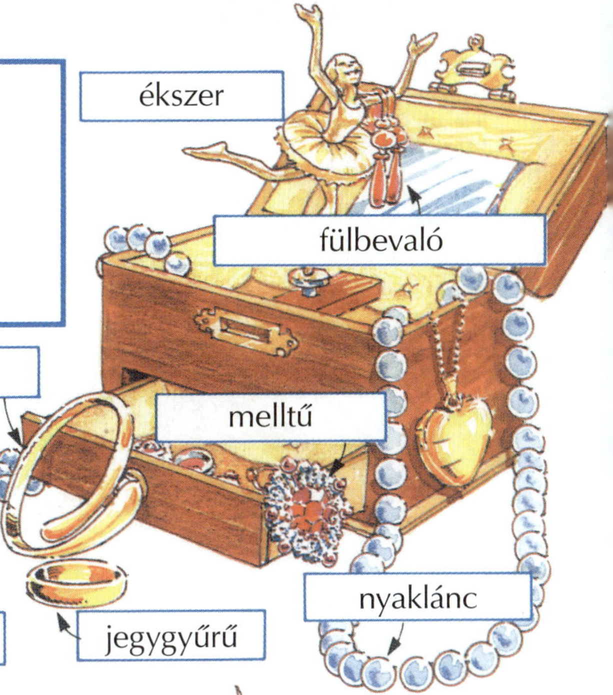

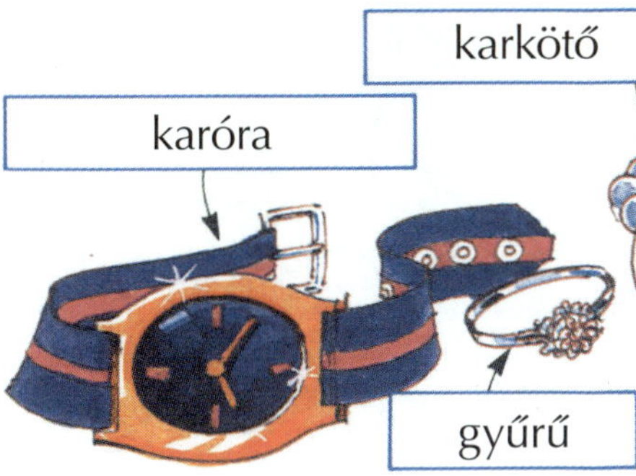

kabát	der Mantel	**sapka**	die Mütze
kalap	der Hut	**esőkabát**	der Regenmantel
zseb	die Tasche	**sál**	der Schal
kesztyű	die Handschuhe	**dzseki**	die Jacke
öv	der Gürtel	**cipzár**	der Reißverschluss
gomb	der Knopf	**cipő**	die Schuhe
csizma	die Stiefel	**szandál**	die Sandalen

Die Schlafenszeit

a lefekvés ideje	die Schlafenszeit
villanyt gyújt	das Licht anmachen
álmos	schläfrig sein
rendet rak	aufräumen
levetkőzik	sich ausziehen

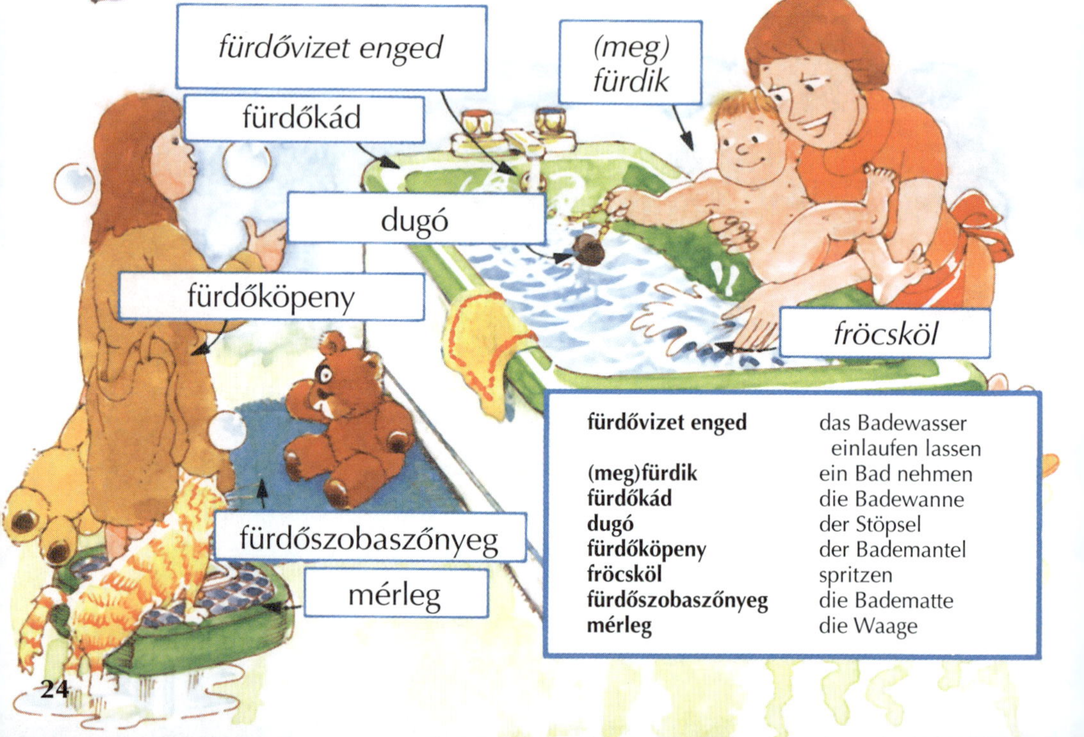

fürdővizet enged	das Badewasser einlaufen lassen
(meg)fürdik	ein Bad nehmen
fürdőkád	die Badewanne
dugó	der Stöpsel
fürdőköpeny	der Bademantel
fröcsköl	spritzen
fürdőszobaszőnyeg	die Badematte
mérleg	die Waage

ágyba bújik	ins Bett gehen
pizsama	der Schlafanzug
hálóing	das Nachthemd
papucs	die Hausschuhe

altatódal	das Schlaflied
mesét olvas	eine Geschichte vorlesen
gyerekágy	das Kinderbett
elalszik	einschlafen

Jó éjszakát!	Gute Nacht!	**paplan**	das Federbett
Aludj jól!	Schlaf gut!	**ágy**	das Bett
álmodik	träumen	**horkol**	schnarchen
alszik	schlafen	**párna**	das Kopfkissen
leolt	ausschalten	**lepedő**	das Bettlaken
lámpa	die Lampe	**ágytakaró**	die Tagesdecke
éjjeliszekrény	der Nachttisch		

Am Tisch

megterít	den Tisch decken
Kész az étel.	Das Essen ist fertig.
kávéskanna	die Kaffeekanne
teáskanna	die Teekanne
szalvéta	die Serviette
pohár	das Glas
mélytányér	der Suppenteller
tányér	der Teller
csésze	die Tasse
csészealj	die Untertasse
terítő	die Tischdecke
kancsó	der Krug
kanál	der Löffel
kés	das Messer
villa	die Gabel

Vegyél!	Greif zu!
Jó étvágyat!	Guten Appetit!
szomjas	Durst haben
iszik	trinken
éhes	Hunger haben
eszik	essen
Ez nagyon finom!	Das schmeckt sehr gut.
jóllakott	gut gegessen haben

reggeli	das Frühstück
gyümölcslé	der Fruchtsaft
kávé	der Kaffee
tea	der Tee
vaj	die Butter
kenyér	das Brot

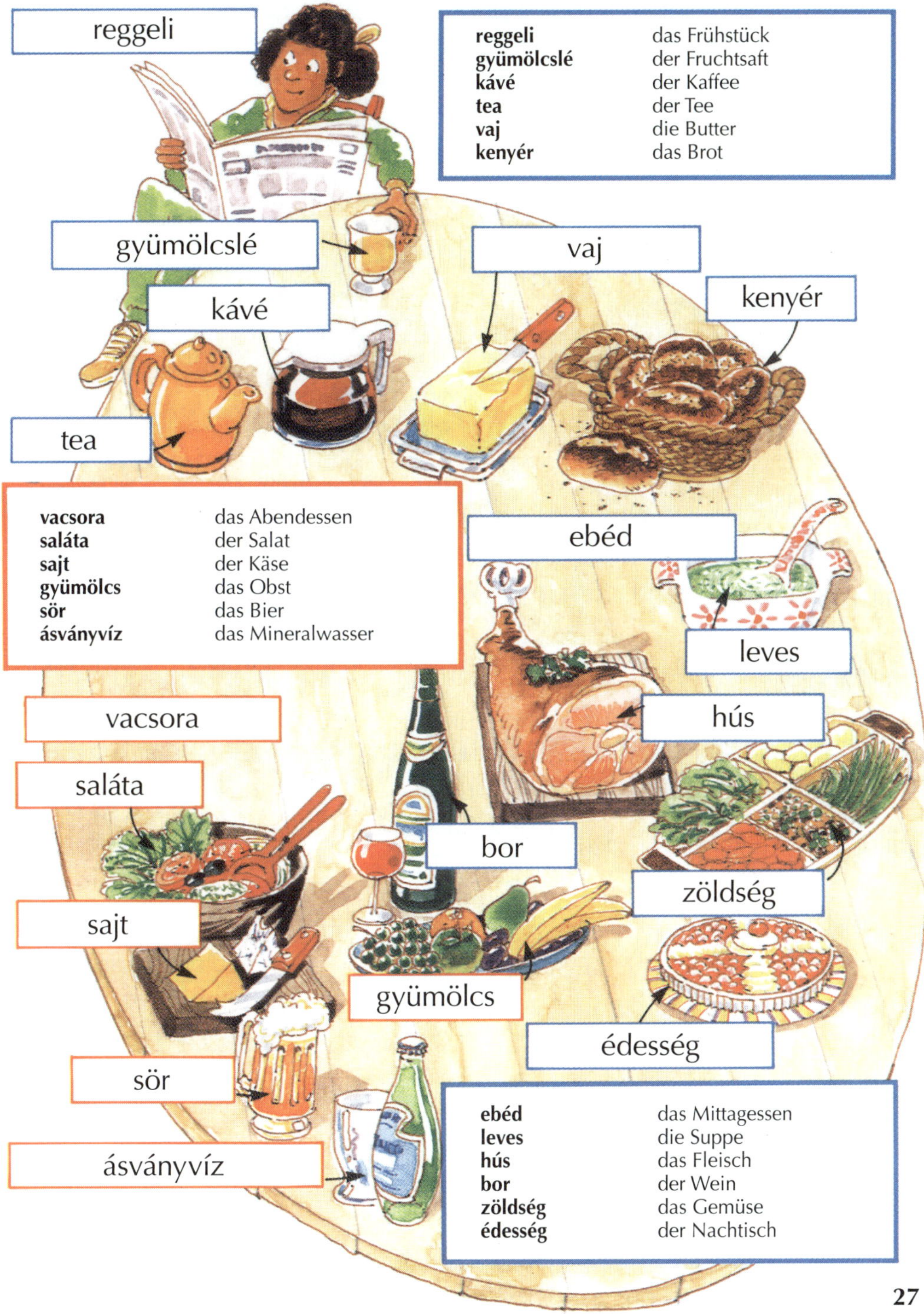

vacsora	das Abendessen
saláta	der Salat
sajt	der Käse
gyümölcs	das Obst
sör	das Bier
ásványvíz	das Mineralwasser

ebéd	das Mittagessen
leves	die Suppe
hús	das Fleisch
bor	der Wein
zöldség	das Gemüse
édesség	der Nachtisch

Lebensmittel

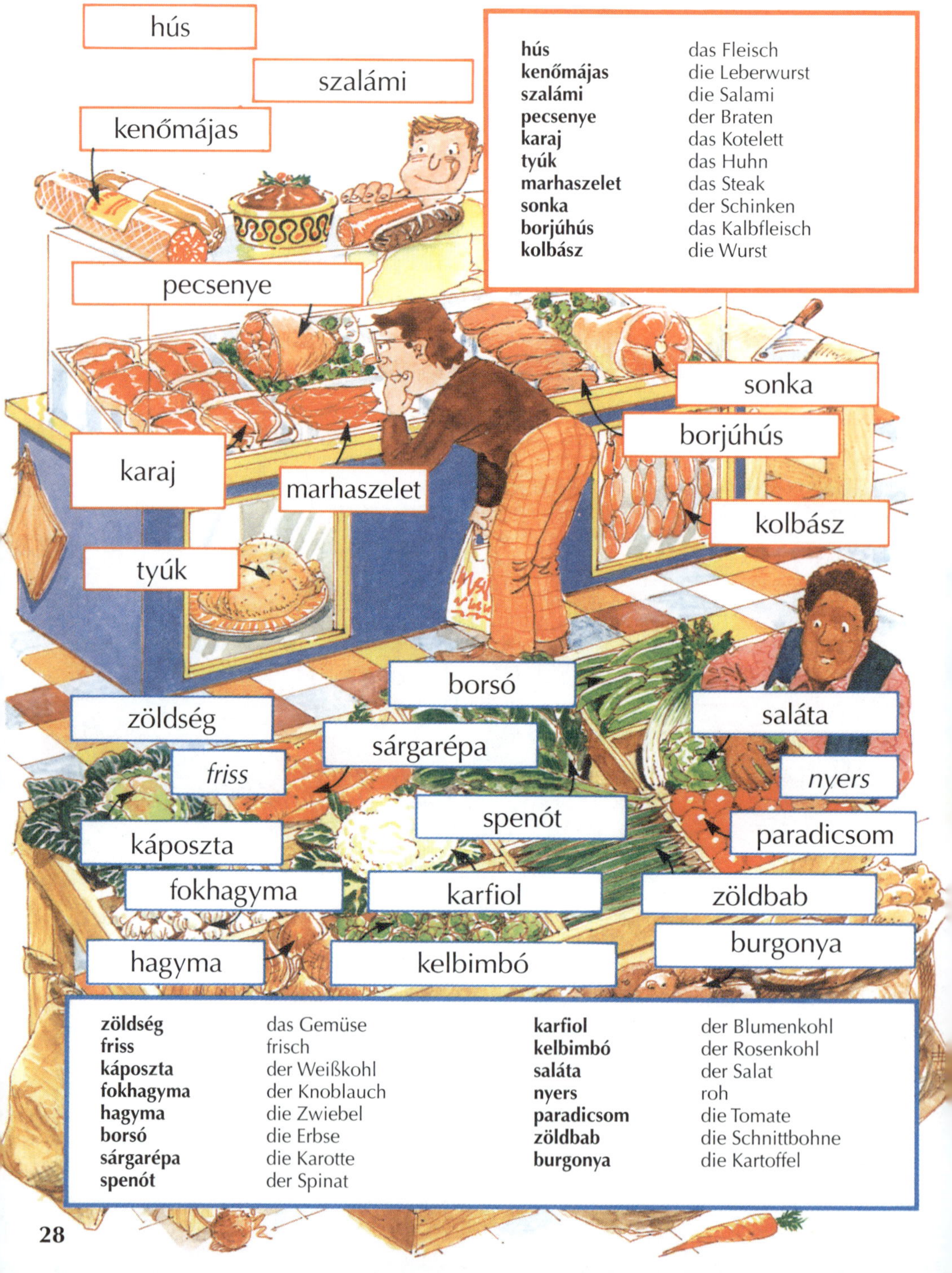

hús	das Fleisch
kenőmájas	die Leberwurst
szalámi	die Salami
pecsenye	der Braten
karaj	das Kotelett
tyúk	das Huhn
marhaszelet	das Steak
sonka	der Schinken
borjúhús	das Kalbfleisch
kolbász	die Wurst

zöldség	das Gemüse
friss	frisch
káposzta	der Weißkohl
fokhagyma	der Knoblauch
hagyma	die Zwiebel
borsó	die Erbse
sárgarépa	die Karotte
spenót	der Spinat
karfiol	der Blumenkohl
kelbimbó	der Rosenkohl
saláta	der Salat
nyers	roh
paradicsom	die Tomate
zöldbab	die Schnittbohne
burgonya	die Kartoffel

hal	der Fisch
lepényhal	die Scholle
kagyló	die Muschel
hering	der Hering
tőkehal	der Kabeljau

gyümölcs	das Obst	**savanyú**	sauer
szőlő	die Weintraube	**dinnye**	die Melone
málna	die Himbeere	**cseresznye**	die Kirsche
eper	die Erdbeere	**sárgabarack**	die Aprikose
édes	süß	**szilva**	die Pflaume
banán	die Banane	**alma**	der Apfel
őszibarack	der Pfirsich	**körte**	die Birne
érett	reif	**narancs**	die Apfelsine
citrom	die Zitrone		

Lebensmittel

tészta	die Nudeln
lencse	die Linsen
bab	die Bohnen
tejszín	die Sahne
tej	die Milch
margarin	die Margarine
joghurt	das Joghurt
méz	der Honig
tojás	das Ei
lekvár	die Marmelade
cukor	der Zucker
liszt	das Mehl

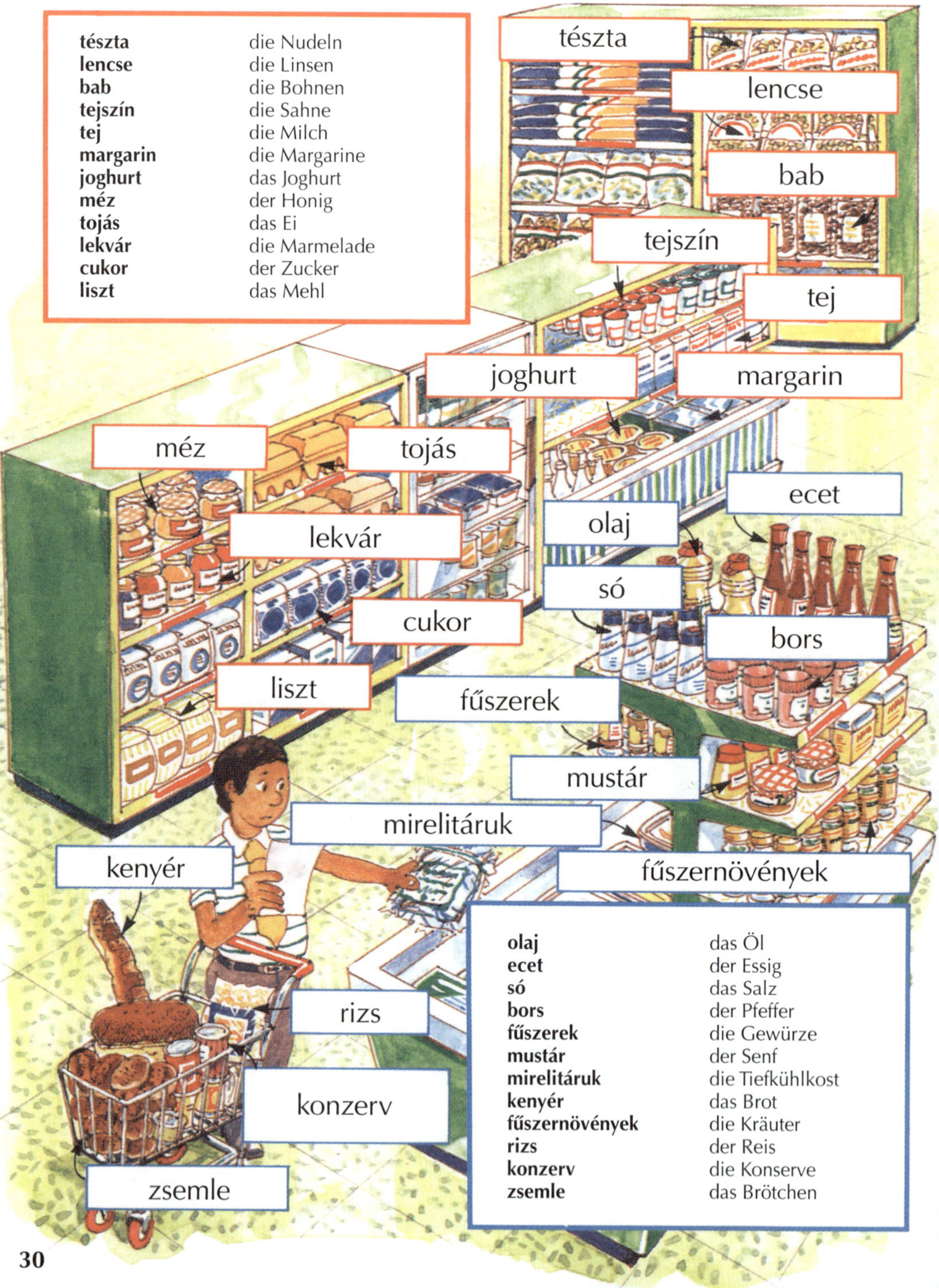

olaj	das Öl
ecet	der Essig
só	das Salz
bors	der Pfeffer
fűszerek	die Gewürze
mustár	der Senf
mirelitáruk	die Tiefkühlkost
kenyér	das Brot
fűszernövények	die Kräuter
rizs	der Reis
konzerv	die Konserve
zsemle	das Brötchen

csokoládé	die Schokolade
teasütemény	das Plätzchen
gyümölcskosár	das Obsttörtchen
fánk	der Berliner/ der Pfannkuchen
torta	die Torte
fagylalt	das Eis
péksütemény	das Gebäck

főz	kochen
recept	das Rezept
hozzávalók	die Zutaten
kever	rühren
kóstol	probieren
íz	der Geschmack
Finom!	Lecker!

Freizeit

tévét néz	fernsehen
műsor	das Programm
adás	die Sendung
rádiót hallgat	Radio hören
fejhallgató	die Kopfhörer
veri a ritmust	den Takt mitklopfen

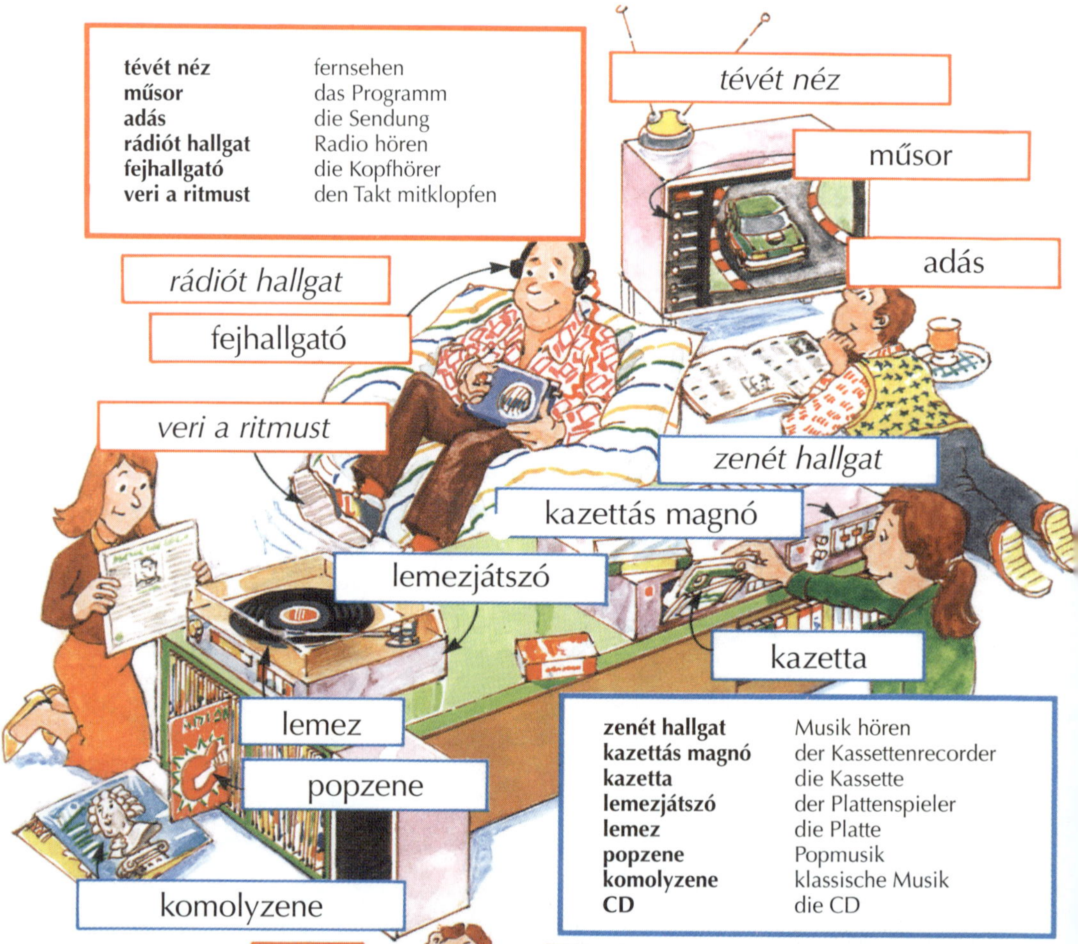

zenét hallgat	Musik hören
kazettás magnó	der Kassettenrecorder
kazetta	die Kassette
lemezjátszó	der Plattenspieler
lemez	die Platte
popzene	Popmusik
komolyzene	klassische Musik
CD	die CD

olvas	lesen
regény	der Roman
hősnő	die Heldin
hős	der Held
újság	die Zeitung
folyóirat	die Zeitschrift
képregény	die Comics
vers	das Gedicht

köt	stricken
kötőtű	die Stricknadeln
minta	das Muster
fonal	der Faden

varr	nähen
anyag	der Stoff
olló	die Schere
cérna	der Faden
gombostű	die Stecknadel
tű	die Nadel
csinál	machen

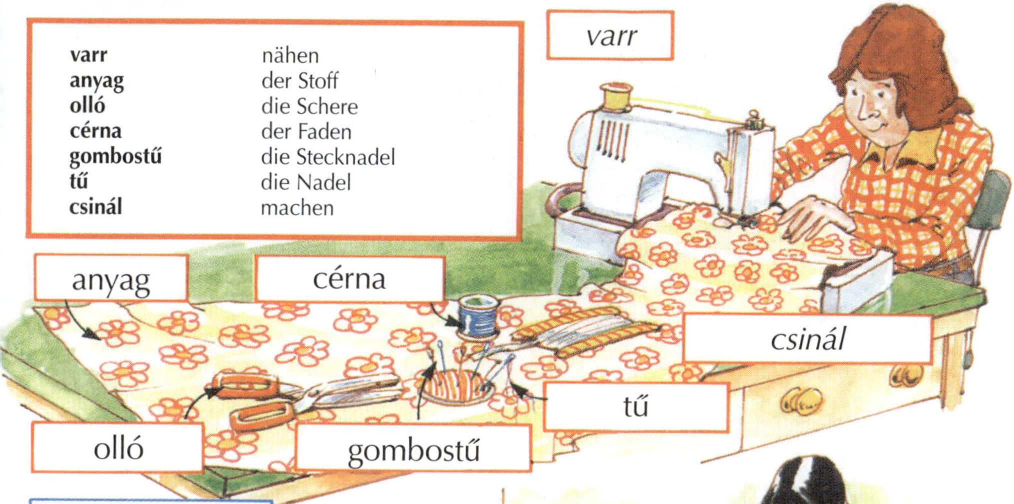

asztalosmunka	das Tischlern
barkácsolás	das Basteln
fűrész	die Säge
épít	bauen
kalapács	der Hammer
ügyes	geschickt
megjavít	reparieren
csavarhúzó	der Schraubenzieher

Freizeit

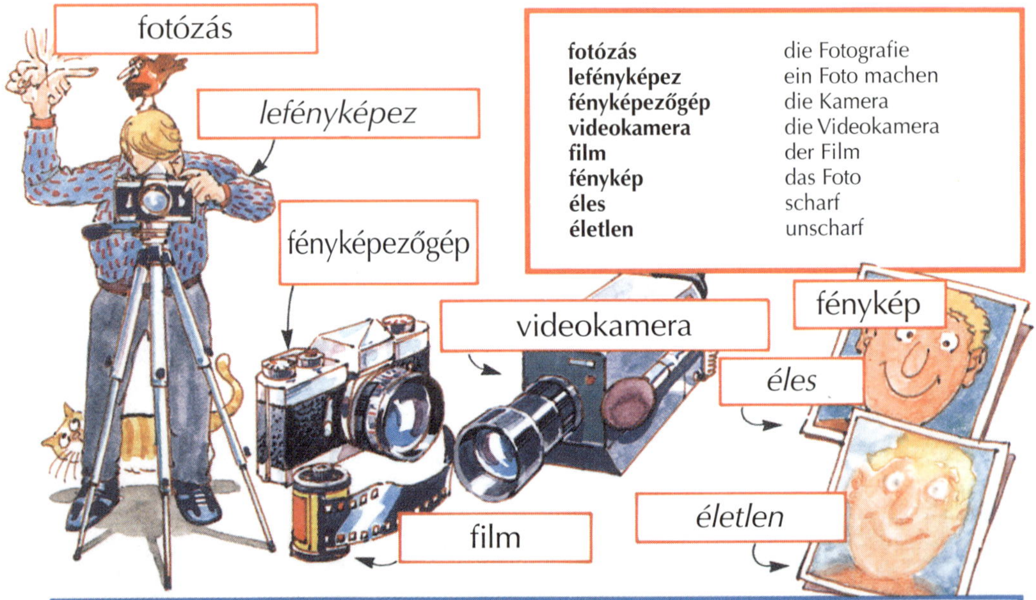

fotózás	die Fotografie
lefényképez	ein Foto machen
fényképezőgép	die Kamera
videokamera	die Videokamera
film	der Film
fénykép	das Foto
éles	scharf
életlen	unscharf

művészeti galéria	die Kunstgalerie	**fest**	malen
művész	der Künstler	**ecset**	der Pinsel
festmény	das Gemälde	**festék**	die Farbe
kiállítás	die Ausstellung		

válogat	sortieren
beragaszt	einkleben
bélyeget gyűjt	Briefmarken sammeln
gyűjtemény	die Sammlung

női zenész	die Musikerin	**ütőhangszeren játszik**	Schlagzeug spielen
hangszer	das Instrument	**trombitál**	Trompete spielen
hegedül	Geige spielen	**csellózik**	Cello spielen
zongorázik	Klavier spielen	**zenekar**	das Orchester
gitározik	Gitarre spielen	**karmester**	der Dirigent

énekel	singen
dallam	die Melodie
kórus	der Chor
hamisan énekel	falsch singen

játékok	die Spiele
kártyázik	Karten spielen
dámát játszik	Dame spielen
sakkozik	Schach spielen
társasjáték	das Brettspiel

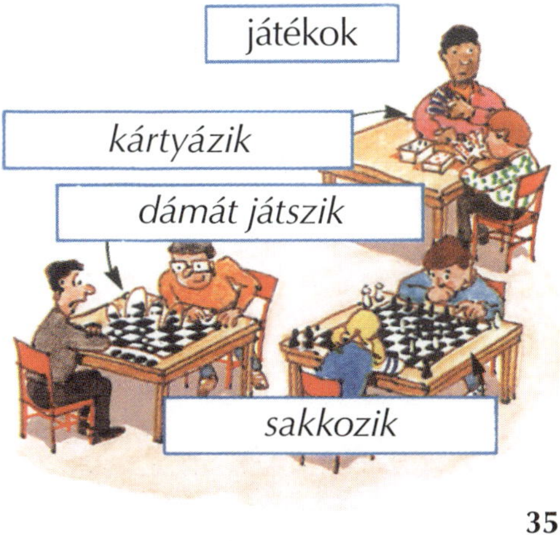

Wohin gehen wir?

mozi	das Kino
moziba megy	ins Kino gehen
film	der Film
ülőhely	der Platz
jegyszedőnő	die Platzanweiserin
pénztár	die Kasse

diszkóba megy	in die Disko gehen
DJ	der DJ
táncol	tanzen
táncparkett	die Tanzfläche

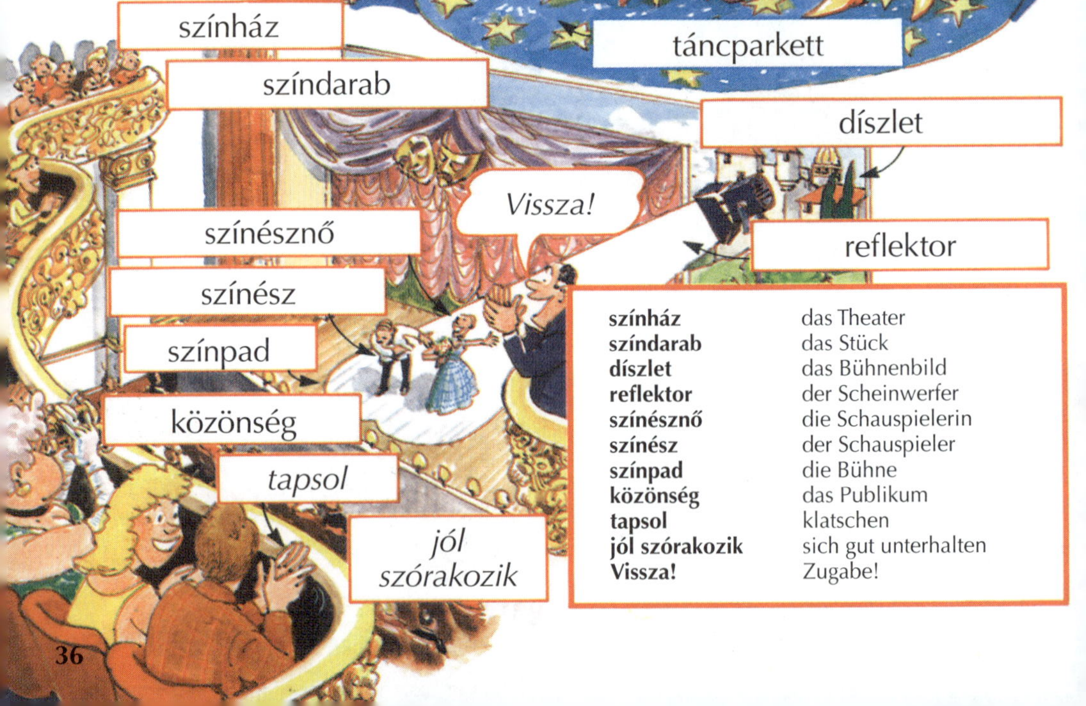

színház	das Theater
színdarab	das Stück
díszlet	das Bühnenbild
reflektor	der Scheinwerfer
színésznő	die Schauspielerin
színész	der Schauspieler
színpad	die Bühne
közönség	das Publikum
tapsol	klatschen
jól szórakozik	sich gut unterhalten
Vissza!	Zugabe!

balett	das Ballett	**opera**	die Oper
balett-táncos	der Balletttänzer	**énekes**	der Sänger
fellép	auftreten	**híres**	berühmt

étterem	das Restaurant	**édesség**	der Nachtisch
pincér	der Ober	**számla**	die Rechnung
étlap	die Speisekarte	**Felszolgálási díjjal együtt?**	Ist der Service inbegriffen?
Mit parancsol?	Was hätten Sie gerne?	**Felszolgálási díj nélkül!**	Der Service ist nicht inbegriffen!
rendel	bestellen	**borravaló**	das Trinkgeld
felszolgál	servieren	**tálca**	das Tablett
előétel	die Vorspeise		
főétel	das Hauptgericht		

Im Zoo

állatkert	der Zoo
állat	das Tier
zebra	das Zebra
zsiráf	die Giraffe
jegesmedve	der Eisbär
elefánt	der Elefant
ormány	der Rüssel
agyar	der Stoßzahn
gorilla	der Gorilla
vad	wild
szelíd	zahm
etet	füttern
őr	der Wärter

Im Park

park	der Park
csónakázótó	der Teich
evezős csónak	das Ruderboot
evez	rudern
evező	das Ruder
piknik	das Picknick
pad	die Bank
pihen	sich ausruhen

majom	der Affe
kenguru	das Känguru
strucc	der Strauß
teve	das Kamel
púp	der Höcker
sas	der Adler
pingvin	der Pinguin
víziló	das Nilpferd
ketrec	der Käfig
oroszlán	der Löwe
bömböl	brüllen
tigris	der Tiger
kígyó	die Schlange

parkőr	der Parkwächter
hinta	die Schaukel
vigyáz vkire	aufpassen auf
mászik	klettern
ás	graben
csúszda	die Rutsche
körhinta	das Karussell
kapaszkodik	sich festhalten

In der Stadt

nagyváros	die Großstadt
előváros	der Vorort
város	die Stadt
felhőkarcoló	der Wolkenkratzer
székesegyház	der Dom
folyó	der Fluss
híd	die Brücke
városrész	der Stadtteil
épület	das Gebäude
templom	die Kirche
temető	der Friedhof

tűzoltó-parancsnokság	die Feuerwache	**irodaépület**	das Bürogebäude
tűzoltóautó	das Feuerwehrauto	**rendőrőrs**	die Polizeiwache
gyár	die Fabrik	**rendőrautó**	das Polizeiauto
városháza	das Rathaus	**könyvtár**	die Bücherei

belváros	die Innenstadt
utca	die Straße
keskeny	schmal
széles	breit
sarok	die Ecke
átmegy az utcán	die Straße überqueren
zebra	der Zebrastreifen
gyalogos	der Fußgänger
tér	der Platz
szobor	die Statue
utcai lámpa	die Straßenlaterne
piactér	der Marktplatz
aluljáró	die Unterführung

újságosbódé	der Kiosk
galamb	die Taube
tömeg	die Menge
forgalmas	belebt
szemetes	der Mülleimer
járda	der Bürgersteig
siet	sich beeilen
hirdetés	die Werbung

Einkaufen

listát készít	eine Liste machen
bevásárlószatyor	die Einkaufstasche

üzletek	die Geschäfte	**halárus**	der Fischladen
bevásárol	einkaufen gehen	**illatszerbolt**	die Drogerie
húsbolt	die Fleischerei	**könyvesbolt**	der Buchladen
csemegeüzlet	das Feinkostgeschäft	**rövidáruüzlet**	der Kurzwarenladen
élelmiszerüzlet	das Lebensmittelgeschäft	**virágüzlet**	das Blumengeschäft
pékség	die Bäckerei	**fodrászat**	der Friseursalon
cukrászda	die Konditorei	**lemezbolt**	das Schallplattengeschäft
		butik	die Boutique

bevásárol a piacon	auf dem Markt einkaufen
elárusítópult	der Marktstand
sorba áll	anstehen

Mennyivel tartozom?	Wieviel macht das?
Az annyi, mint …	Das macht…
megmér	wiegen
Egy kiló …	Ein Kilo …
Fél kiló …	Ein Pfund …

elmegy a boltba	in den Supermarkt gehen
bevásárlókosár	der Einkaufskorb
bevásárlókocsi	der Einkaufswagen
hangosbemondó	der Lautsprecher
pult	die Theke
sor	der Gang
doboz	die Dose
csomag	das Päckchen
üveg	die Flasche
bejárat	der Eingang
kijárat	der Ausgang
pénztár	die Kasse
szatyor	die Tragetasche
pénztárosnő	die Kassiererin

Einkaufen

nézegeti a kirakatokat	einen Schaufensterbummel machen	**akció**	das Sonderangebot
kirakat	das Schaufenster	**(női) vásárló**	die Kundin
Ez olcsó.	Das ist preiswert.	**(férfi) vásárló**	der Kunde
Ez drága.	Das ist teuer.	**vásárol**	kaufen
ÁRLESZÁLLÍTÁS	SCHLUSSVERKAUF	**eladónő**	die Verkäuferin
		elad	verkaufen

pénzt költ	Geld ausgeben	**kicsi**	klein
ár	der Preis	**középméret**	mittel
számla	die Rechnung	**nagy**	groß
Mivel szolgálhatok?	Womit kann ich dienen?	**Mennyibe kerül ...?**	Was kostet ...?
Szeretnék ...	Ich hätte gern ...	**Ez ...-ba/-be kerül.**	Das kostet ...
Ez mekkora méret?	Welche Größe ist es?		

könyvesbolt és papírkereskedés	der Buchladen und die Schreibwarenhand-lung	**levélpapír**	das Schreibpapier
könyv	das Buch	**boríték**	der Umschlag
zsebkönyv	das Taschenbuch	**képeslap**	die Postkarte
		golyóstoll	der Kuli
		ceruza	der Bleistift

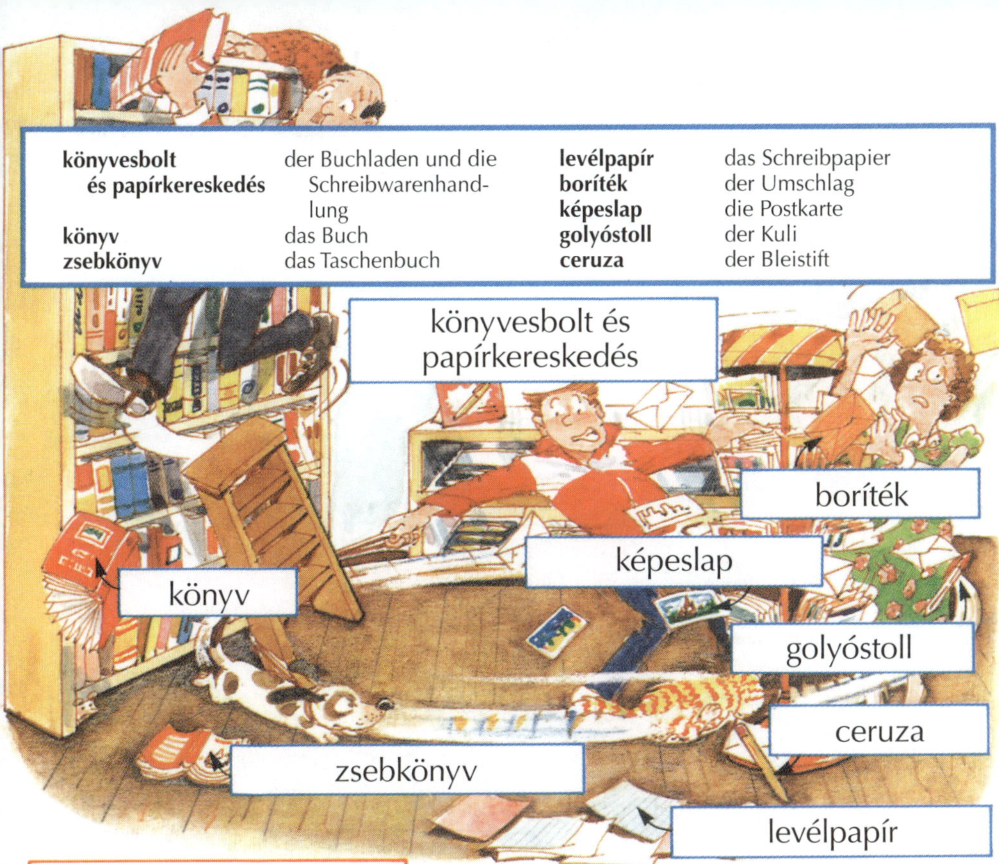

áruház	das Kaufhaus	**Játék**	Spielwaren
osztály	die Abteilung	**Bútor**	Möbel
mozgólépcső	die Rolltreppe	**Sportszerek**	Sportabteilung
lift	der Aufzug	**Ruházat**	Kleidung

Auf der Post und in der Bank

posta	das Postamt	**küld**	schicken
postaláda	der Briefkasten	**távirat**	das Telegramm
felad	aufgeben	**űrlap**	das Formular
levél	der Brief	**bélyeg**	die Briefmarke
csomag	das Paket	**légiposta**	Luftpost
kiürítés	die Leerung	**cím**	die Adresse
		irányítószám	die Postleitzahl

postás	der Briefträger
napi posta	die Post
kézbesít	austeilen

bank	die Bank	**hitelkártya**	die Kreditkarte
pénz	das Geld	**pénzt befizet**	Geld einzahlen
pénzt vált	Geld wechseln	**pénzt vesz fel**	Geld abheben
devizaárfolyam	der Wechselkurs	**csekkfüzet**	das Scheckbuch
bankigazgató	der Geschäftsführer der Bank	**kiállít egy csekket**	einen Scheck ausstellen
pénztáros	der Kassierer	**levéltárca**	die Brieftasche
Van aprópénze?	Haben Sie Kleingeld?	**bankjegy**	die Banknote
pénzérme	die Münze	**pénztárca**	die Geldbörse
		kézitáska	die Handtasche

Telefonieren und Briefe schreiben

telefonál	telefonieren	**cseng**	klingeln
telefon	das Telefon	**odamegy a telefonhoz**	ans Telefon gehen
telefonkagyló	der Telefonhörer	**Halló!**	Hallo!
felveszi a telefont	den Hörer abnehmen	**tárcsáz**	wählen
Kivel beszélek?	Wer spricht da?	**Tímea vagyok.**	Hier spricht Tímea.
telefonszám	die Telefonnummer	**körzetszám**	die Vorwahl
Visszahívlak.	Ich rufe dich zurück.	**Viszonthallásra.**	Wiederhören.
telefonkönyv	das Telefonbuch	**leteszi a telefont**	den Hörer auflegen

telefonfülke	die Telefonzelle
vészhelyzet	der Notfall
segélyhívás	der Notruf

levelet ír

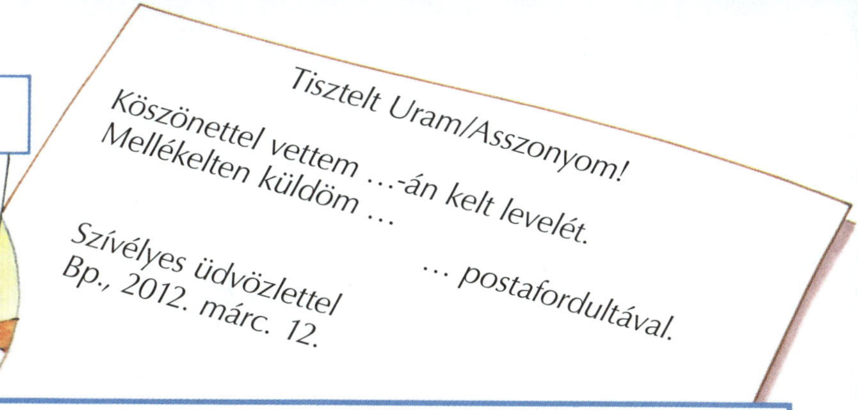

levelet ír	einen Brief schreiben	**Mellékelten küldöm…**	Beigefügt finden Sie
Tisztelt Uram/ Asszonyom!	Sehr geehrte Damen und Herren…	**postafordultával**	postwendend
Köszönettel vettem …-án kelt levelét	Vielen Dank für Ihren Brief vom…	**Szívélyes üdvözlettel**	Mit freundlichen Grüßen

felbontja a levelet

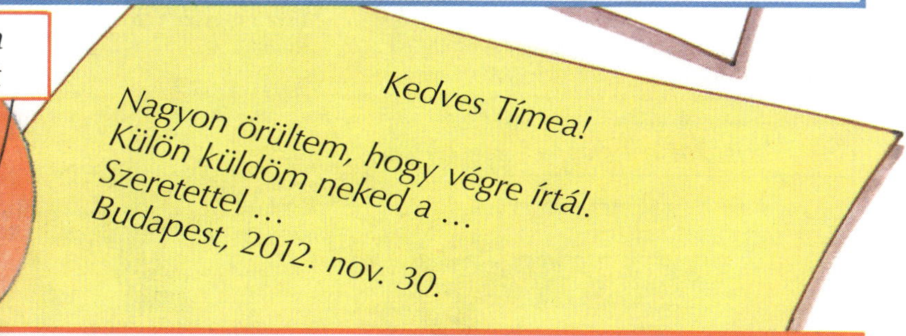

felbontja a levelet	einen Brief öffnen	**Külön küldöm neked a…**	Mit getrennter Post erhältst Du…
Kedves Tímea!	Liebe Tímea,	**Szeretettel…**	Alles Gute…
Nagyon örültem, hogy végre írtál.	Schön, mal wieder von Dir zu hören.		

képeslapot küld

táviratot küld

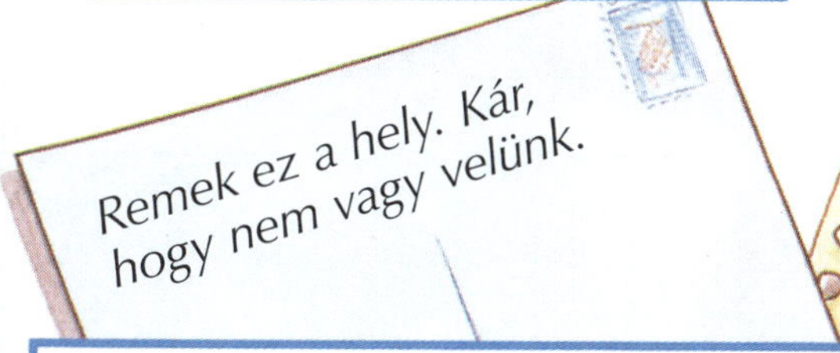

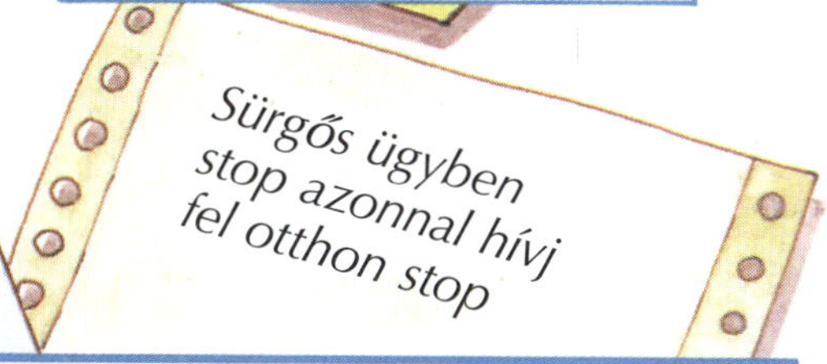

képeslapot küld	eine Ansichtskarte schicken	**táviratot küld**	ein Telegramm schicken
Remek ez a hely.	Es ist ganz toll hier.	**Sürgős ügyben stop azonnal hívj fel otthon stop**	Dringend stop sofort zu Hause anrufen stop
Kár, hogy nem vagy velünk.	Schade, dass Du nicht hier bist.		

Im Verkehr

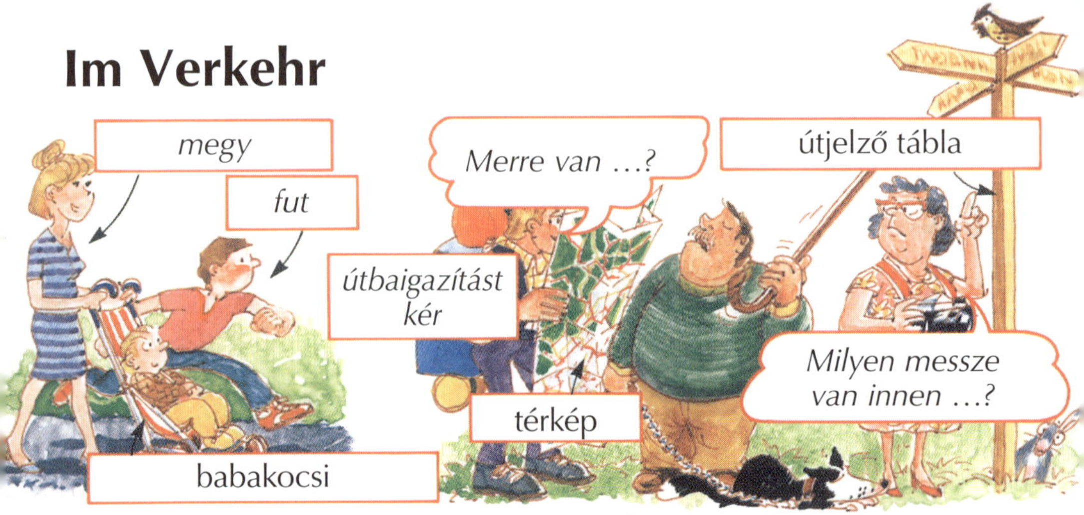

megy	gehen	**térkép**	die Karte
fut	laufen	**útjelző tábla**	das Hinweisschild
babakocsi	der Buggy	**Milyen messze van innen …?**	Wie weit ist … von hier?
Merre van …?	In welcher Richtung ist …?		
útbaigazítást kér	nach dem Weg fragen		

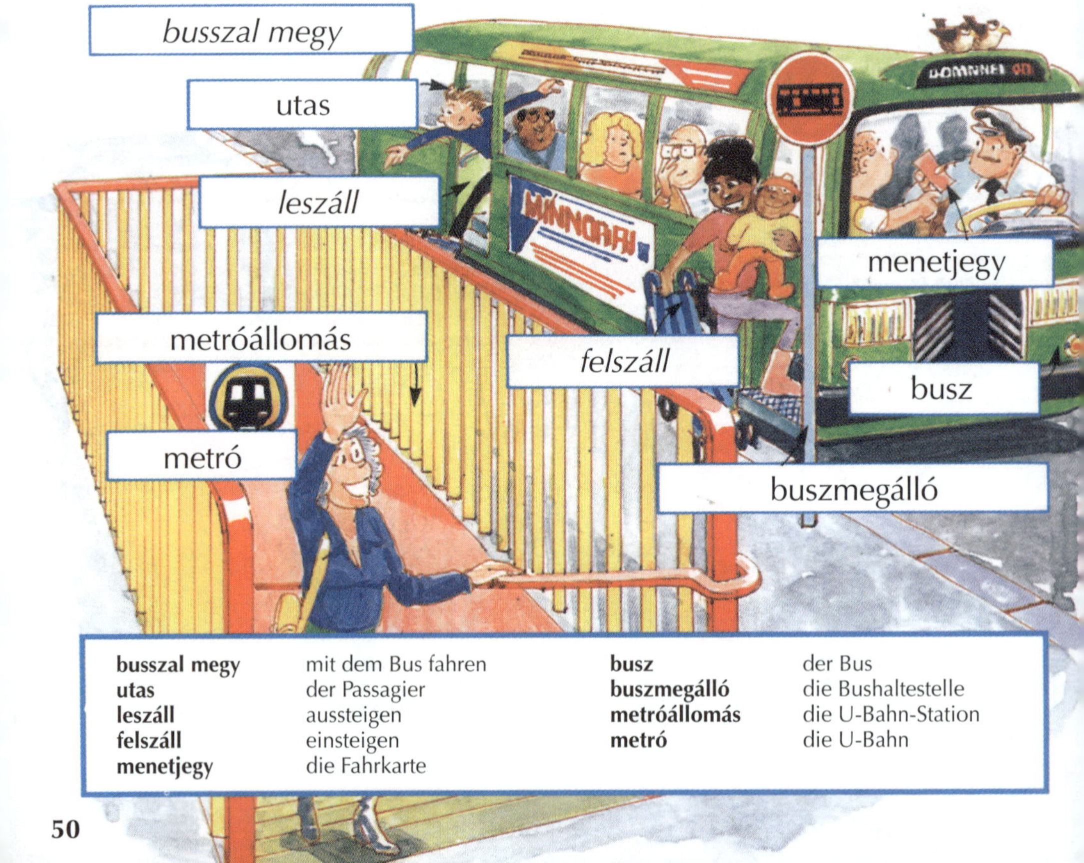

busszal megy	mit dem Bus fahren	**busz**	der Bus
utas	der Passagier	**buszmegálló**	die Bushaltestelle
leszáll	aussteigen	**metróállomás**	die U-Bahn-Station
felszáll	einsteigen	**metró**	die U-Bahn
menetjegy	die Fahrkarte		

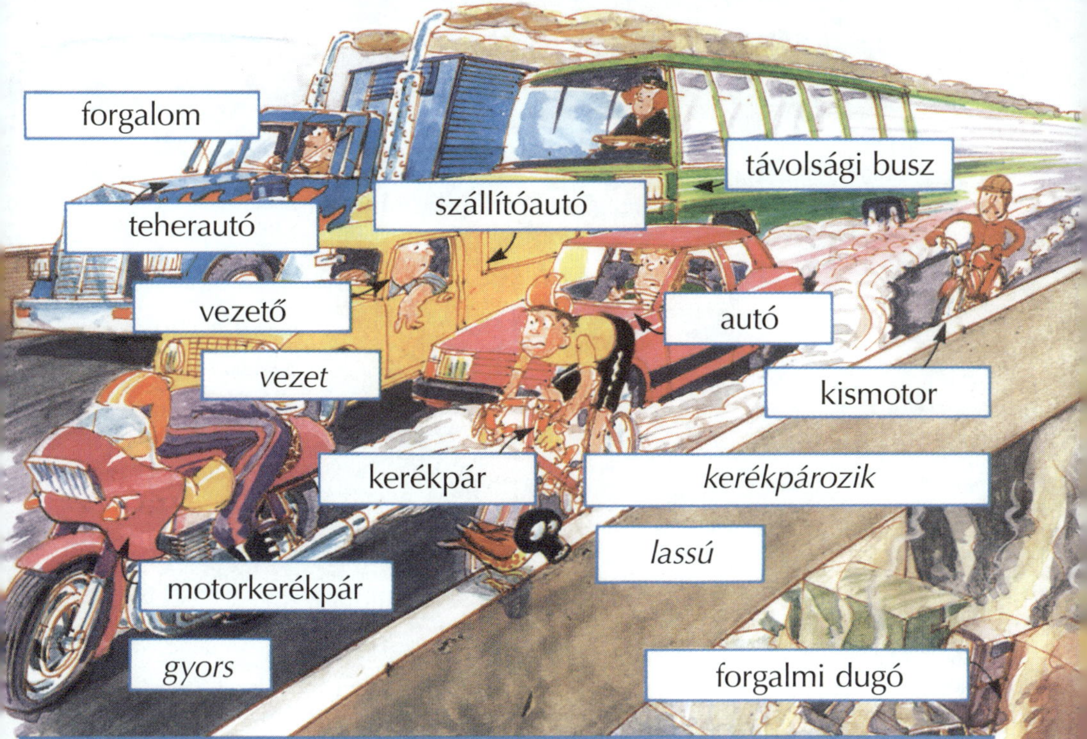

forgalom	der Verkehr	**kismotor**	das Moped
teherautó	der Lastkraftwagen	**kerékpározik**	Rad fahren
szállítóautó	der Lieferwagen	**kerékpár**	das Fahrrad
távolsági busz	der Reisebus	**lassú**	langsam
vezető	der Fahrer	**motorkerékpár**	das Motorrad
vezet	fahren	**gyors**	schnell
autó	das Auto	**forgalmi dugó**	der Stau

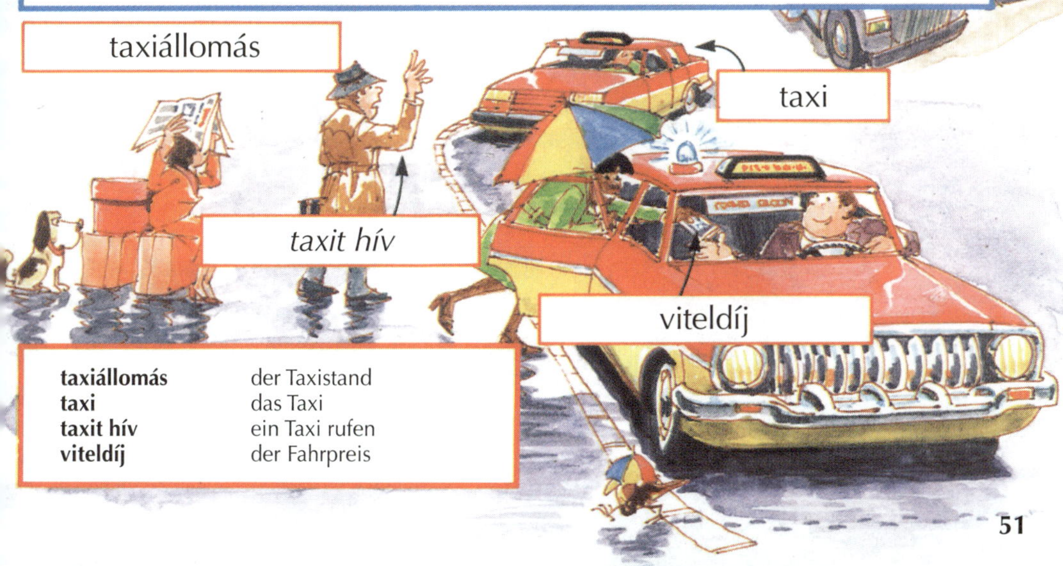

taxiállomás	der Taxistand
taxi	das Taxi
taxit hív	ein Taxi rufen
viteldíj	der Fahrpreis

Auto fahren

elindul	losfahren
gyorsul	schneller werden
előz	überholen
fékez	bremsen
autópálya	die Autobahn
jelzőlámpa	die Ampel
főút	die Hauptstraße
balra fordul	links abbiegen
jobbra fordul	rechts abbiegen
egyenesen halad tovább	geradeaus weiterfahren
mellékutca	die Seitenstraße
egyirányú utca	die Einbahnstraße
behajtani tilos	Einfahrt verboten

Parkolni tilos!	Parkverbot!	**hátra**	rückwärts
parkolóhely	der Parkplatz	**előre**	vorwärts
parkol	parken		

baleset	der Unfall
kormány	das Lenkrad
szélvédő	die Windschutzscheibe
biztonsági öv	der Sicherheitsgurt
irányjelző	der Blinker
fényszóró	der Scheinwerfer
motorháztető	die Motorhaube
csomagtartó	der Kofferraum
rendszámtábla	das Nummernschild
kerék	das Rad
autógumi	der Reifen
duda	die Hupe

lapos a kereke	einen Platten haben
lerobban az autó	eine Panne haben
autószerelő	der Automechaniker
olaj	das Öl
benzinkút	die Tankstelle
teletankol	volltanken
benzin	das Benzin

Mit dem Zug

pályaudvar	der Bahnhof	**…-ból érkező vonat**	Der Zug aus …
hordár	der Gepäckträger	**jegypénztár**	der Fahrkartenschalter
csomagmegőrző	die Gepäckaufbewahrung	**menetjegy**	die Fahrkarte
ellenőr	der Kontrolleur	**menettérti jegy**	die Rückfahrkarte
váróterem	der Wartesaal	**bérlet**	die Zeitkarte
sorompó	die Schranke	**jegyautomata**	der Fahrkartenautomat
utas	der Reisende/die Reisende	**peronjegy**	die Bahnsteigkarte
menetrend	der Fahrplan	**helyjegyet vesz**	eine Platzkarte kaufen
…-ba induló vonat	Der Zug nach …		

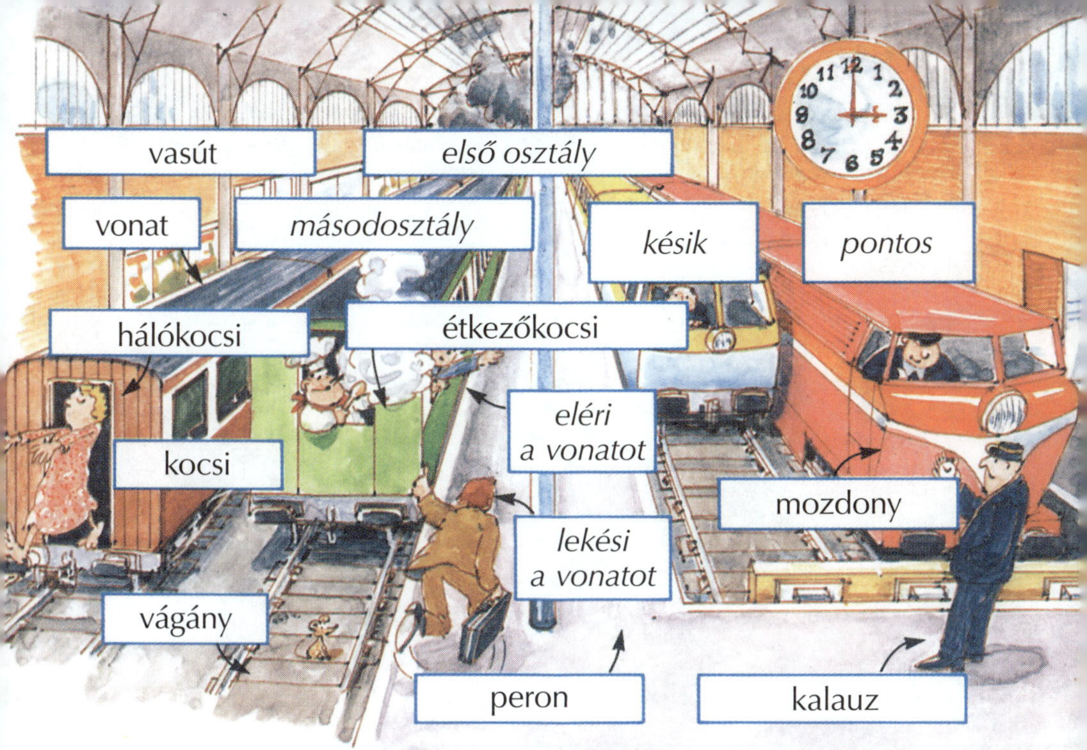

vasút	die Eisenbahn	**kocsi**	der Wagen
vonat	der Zug	**eléri a vonatot**	den Zug erreichen
első osztály	erste Klasse	**lekési a vonatot**	den Zug verpassen
másodosztály	zweite Klasse	**mozdony**	die Lokomotive
késik	verspätet	**vágány**	das Gleis
pontos	pünktlich	**peron**	der Bahnsteig
hálókocsi	der Schlafwagen	**kalauz**	der Zugbegleiter
étkezőkocsi	der Speisewagen		

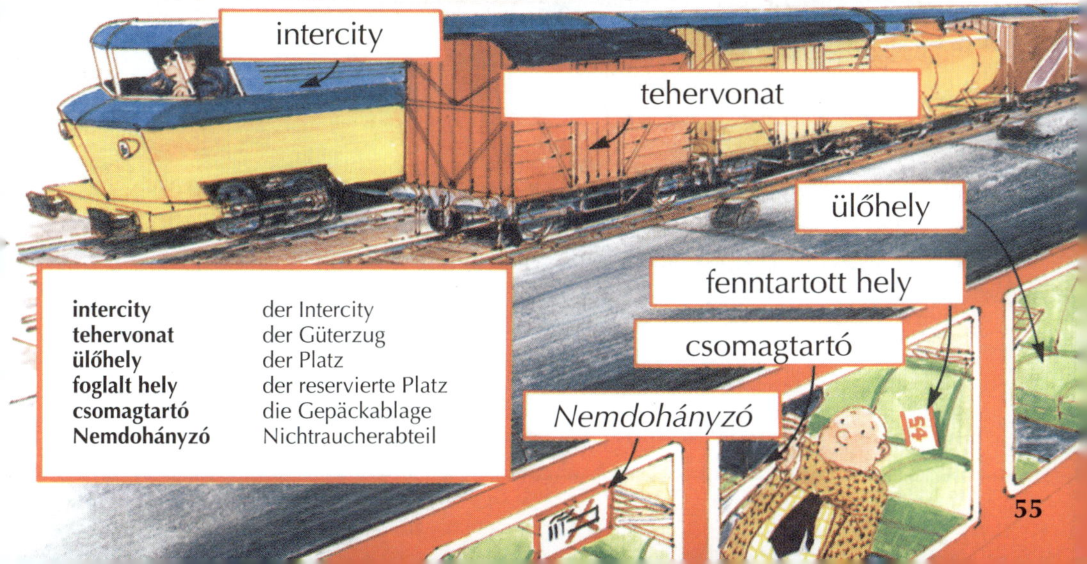

intercity	der Intercity
tehervonat	der Güterzug
ülőhely	der Platz
foglalt hely	der reservierte Platz
csomagtartó	die Gepäckablage
Nemdohányzó	Nichtraucherabteil

Mit Flugzeug und Schiff

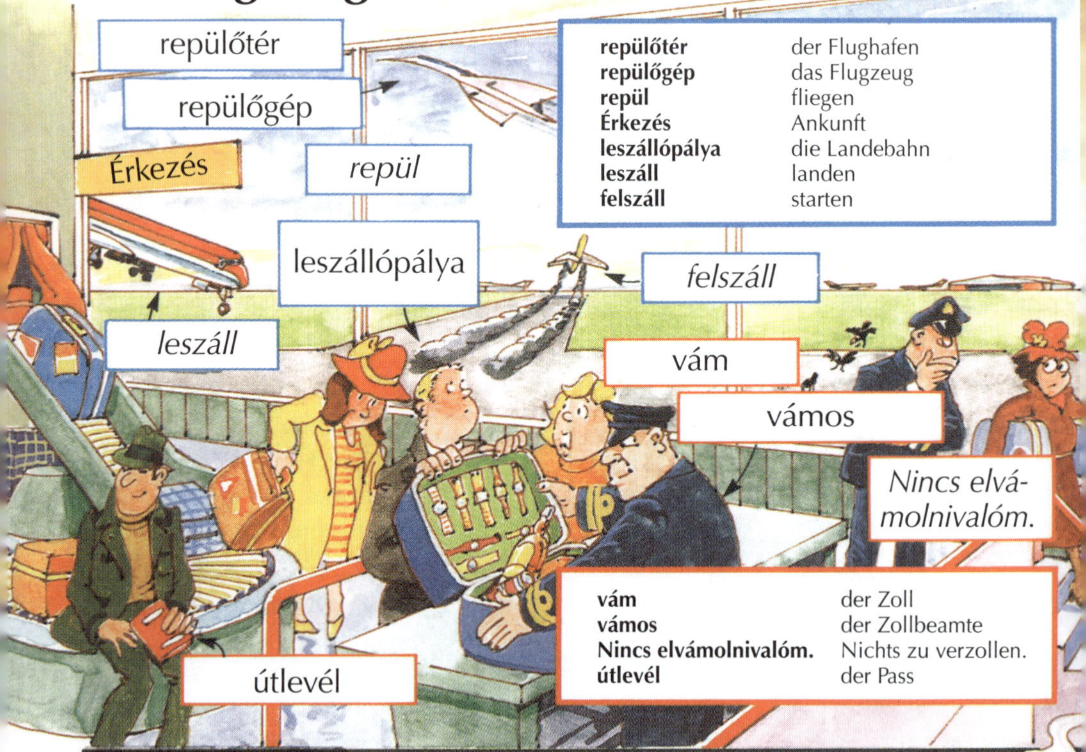

repülőtér	der Flughafen
repülőgép	das Flugzeug
repül	fliegen
Érkezés	Ankunft
leszállópálya	die Landebahn
leszáll	landen
felszáll	starten

vám	der Zoll
vámos	der Zollbeamte
Nincs elvámolnivalóm.	Nichts zu verzollen.
útlevél	der Pass

kikötő	der Hafen	**horgony**	der Anker
hajón utazik	mit dem Schiff fahren	**kajüt**	die Kabine
hajó	das Schiff	**fedélzet**	das Deck
utasszállító hajó	das Passagierschiff	**kémény**	der Schornstein
zászló	die Flagge	**kapitány**	der Kapitän
hajóablak	das Bullauge	**hajópalló**	die Landungsbrücke

Indulás	Abflug	**személyzet**	die Besatzung
vámmentes üzlet	der Duty-free-Shop	**légiutas-kísérő**	die Flugbegleiterin/ der Flugbegleiter
utasfelvétel	der Check-in	**beszáll**	einsteigen
repülőjegy	das Flugticket	**bőrönd**	der Koffer
címke	der Anhänger	**Kérjük, csatolják be a biztonsági öveket!**	Bitte den Sicherheitsgurt anlegen!
kézikocsi	der Gepäckwagen		
kézipoggyász	das Handgepäck		
pilóta	der Pilot		

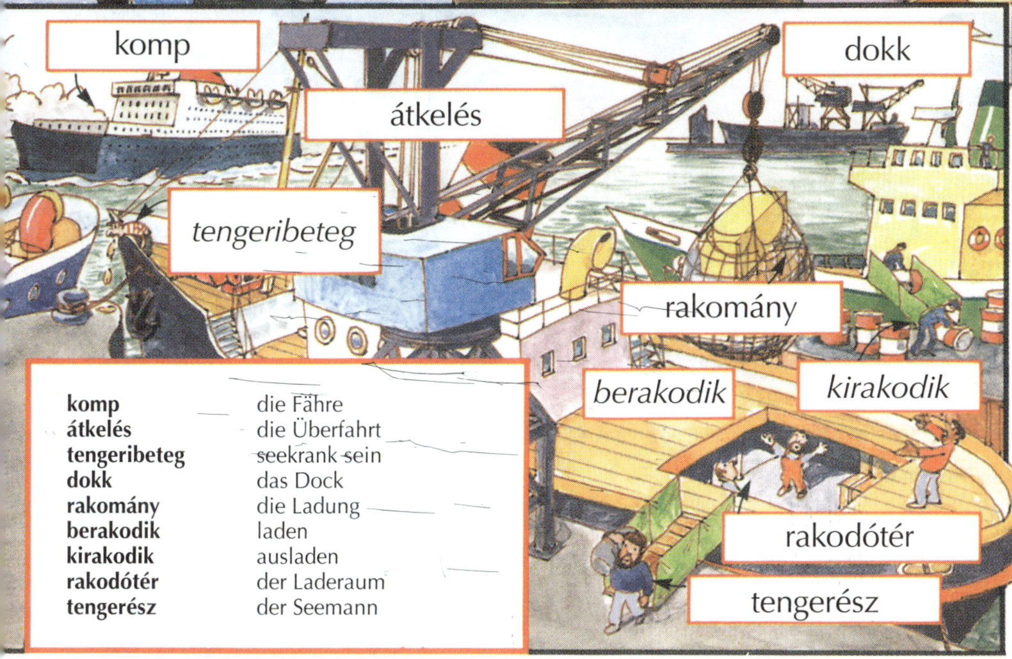

komp	die Fähre
átkelés	die Überfahrt
tengeribeteg	seekrank sein
dokk	das Dock
rakomány	die Ladung
berakodik	laden
kirakodik	ausladen
rakodótér	der Laderaum
tengerész	der Seemann

Im Urlaub

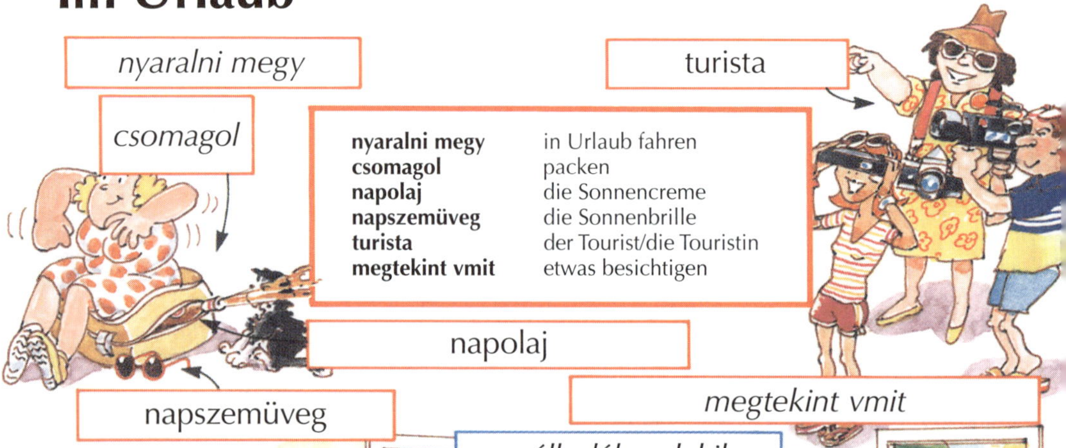

nyaralni megy	in Urlaub fahren
csomagol	packen
napolaj	die Sonnencreme
napszemüveg	die Sonnenbrille
turista	der Tourist/die Touristin
megtekint vmit	etwas besichtigen

szálloda	das Hotel	**megtelt**	belegt
szállodában lakik	im Hotel wohnen	**szobát foglal**	ein Zimmer reservieren
recepció	die Rezeption	**zuhannyal**	mit Dusche
portás	der Portier	**erkéllyel**	mit Balkon
egyágyas szoba	das Einzelzimmer	**panzió**	die Pension
kétágyas szoba	das Doppelzimmer		

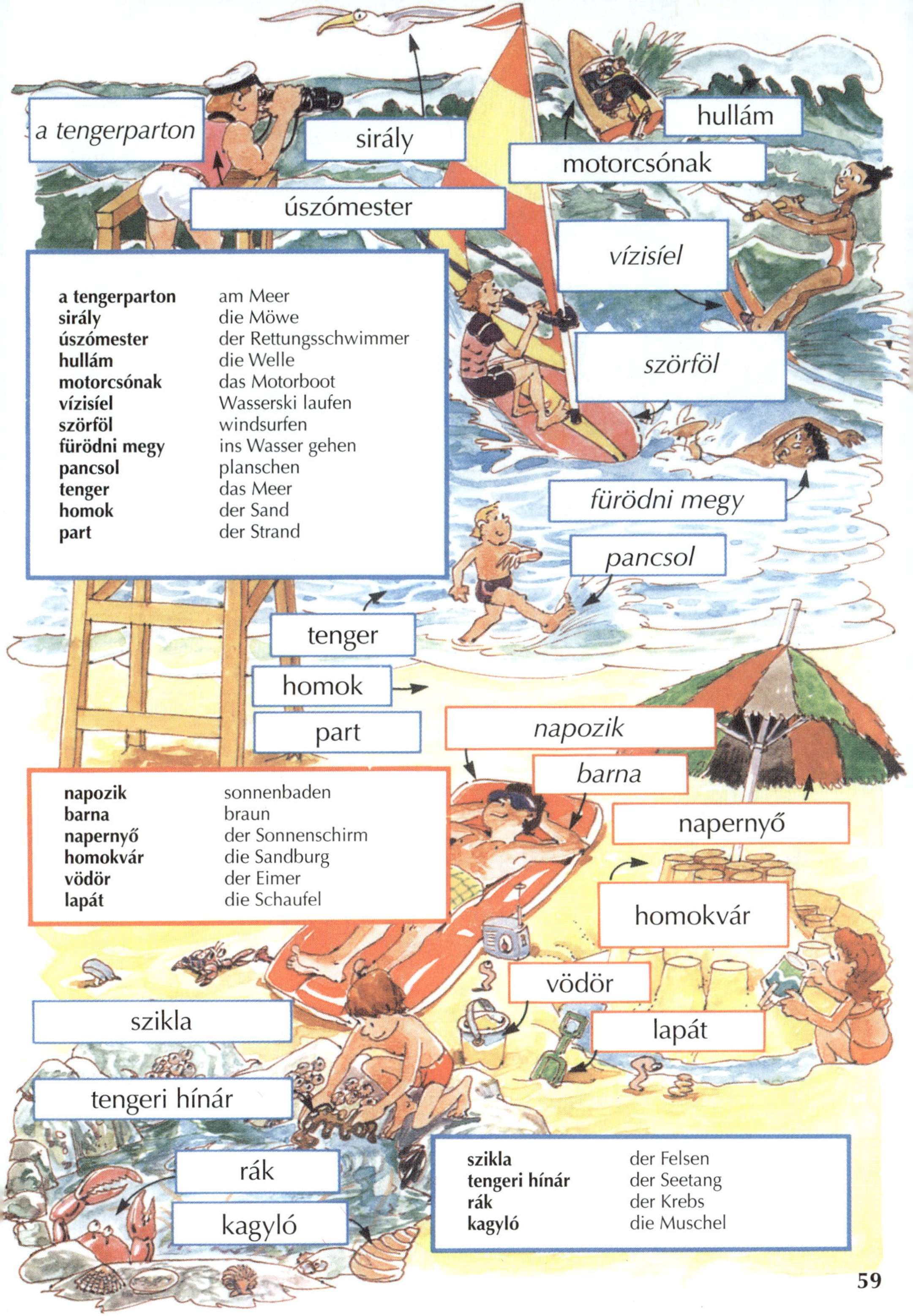

a tengerparton	am Meer
sirály	die Möwe
úszómester	der Rettungsschwimmer
hullám	die Welle
motorcsónak	das Motorboot
vízisíel	Wasserski laufen
szörföl	windsurfen
fürödni megy	ins Wasser gehen
pancsol	planschen
tenger	das Meer
homok	der Sand
part	der Strand

napozik	sonnenbaden
barna	braun
napernyő	der Sonnenschirm
homokvár	die Sandburg
vödör	der Eimer
lapát	die Schaufel

szikla	der Felsen
tengeri hínár	der Seetang
rák	der Krebs
kagyló	die Muschel

Im Urlaub

hegyet mászik	zum Bergsteigen gehen
hegy	der Berg
csúcs	der Gipfel
kilátás	die Aussicht
meredek	steil
mászik	klettern
hegymászó	der Bergsteiger
hátizsák	der Rucksack

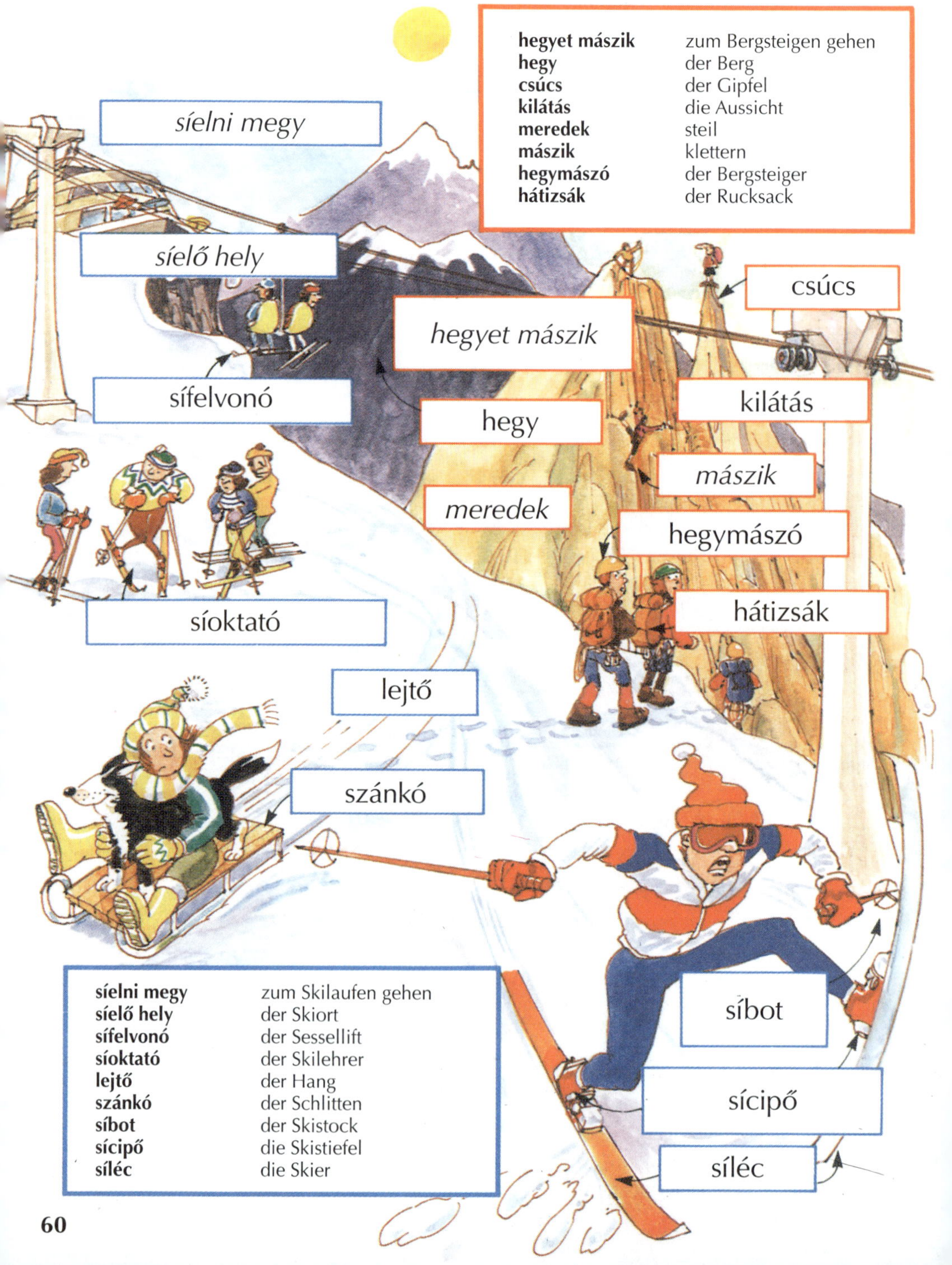

síelni megy	zum Skilaufen gehen
síelő hely	der Skiort
sífelvonó	der Sessellift
síoktató	der Skilehrer
lejtő	der Hang
szánkó	der Schlitten
síbot	der Skistock
sícipő	die Skistiefel
síléc	die Skier

sátorozik	zelten
kemping	der Campingplatz
lakókocsi	der Wohnwagen
sátor	das Zelt
felveri a sátrat	ein Zelt aufbauen
kempingfőző	der Kocher
hálózsák	der Schlafsack

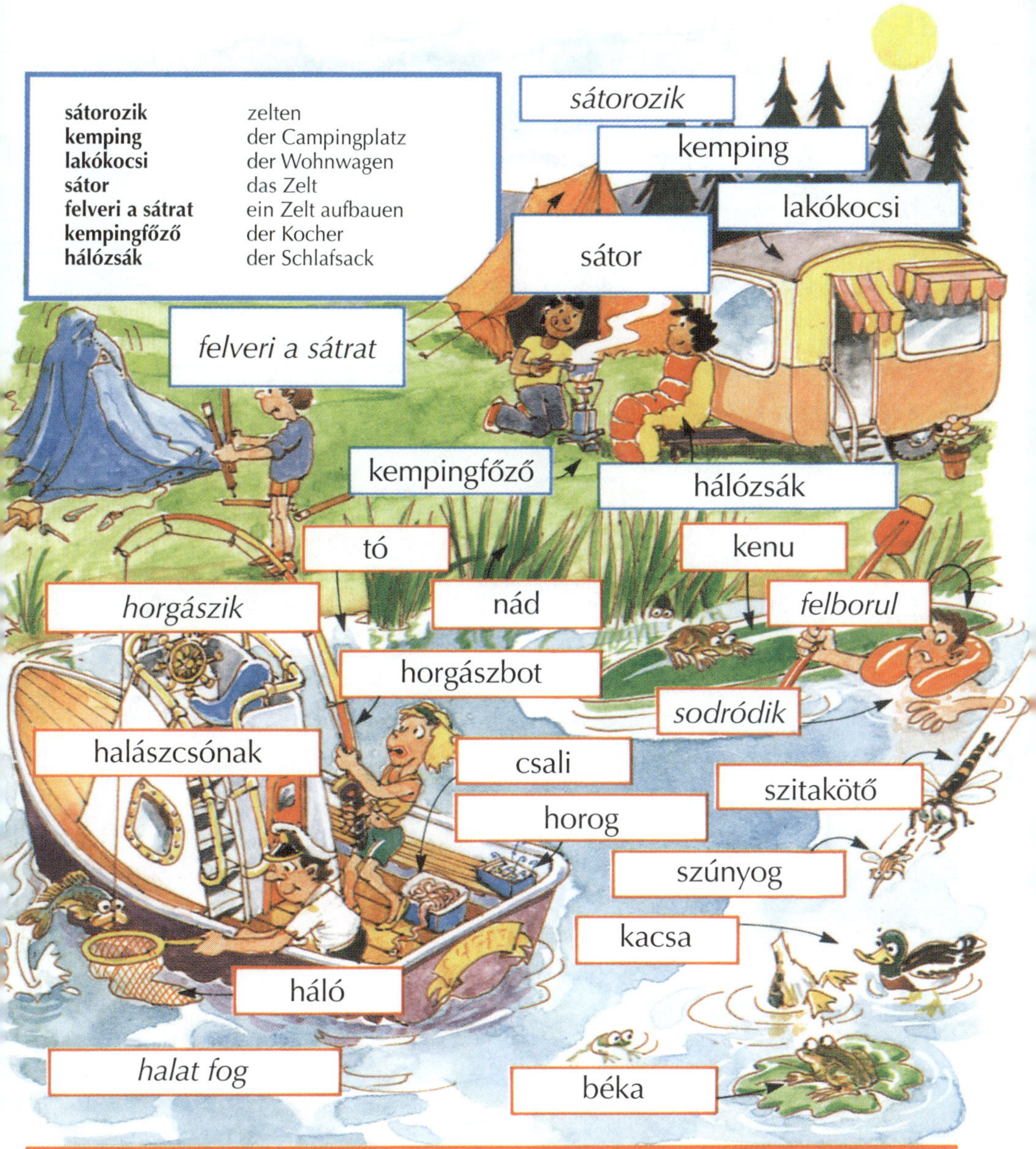

tó	der See	**halat fog**	einen Fisch fangen
nád	das Schilf	**kenu**	das Kanu
horgászni	angeln	**felborul**	kentern
horgászbot	die Angelrute	**sodródik**	treiben
halászcsónak	das Fischerboot	**szitakötő**	die Libelle
csali	der Köder	**szúnyog**	die Mücke
horog	der Angelhaken	**kacsa**	die Ente
háló	das Netz	**béka**	der Frosch

Auf dem Land

falu	das Dorf
táj	die Landschaft
békés	friedlich
vidék	das Land
parasztház	das Bauernhaus
sétálni megy	spazieren gehen

ösvény	der Pfad
patak	der Bach
rét	die Wiese
nyúl	das Kaninchen
vakond	der Maulwurf
fára mászik	auf einen Baum klettern
mezei virágok	die Wiesenblumen
virágot szed	Blumen pflücken
virágcsokor	der Blumenstrauß
százszorszép	das Gänseblümchen
boglárka	die Butterblume

erdő	der Wald
tölgyfa	die Eiche
fenyőfa	die Tanne
levél	das Blatt
ág	der Ast
bagoly	die Eule
feketerigó	die Amsel
mókus	das Eichhörnchen
rigó	die Drossel
róka	der Fuchs
repül	fliegen
veréb	der Spatz

völgy	das Tal
domb	der Hügel
híd	die Brücke
lejtő	der Hang
szomorúfűz	die Trauerweide
part	das Ufer
folyó	der Fluss
légy	die Fliege
pók	die Spinne
szúnyog	die Mücke

Ums Haus

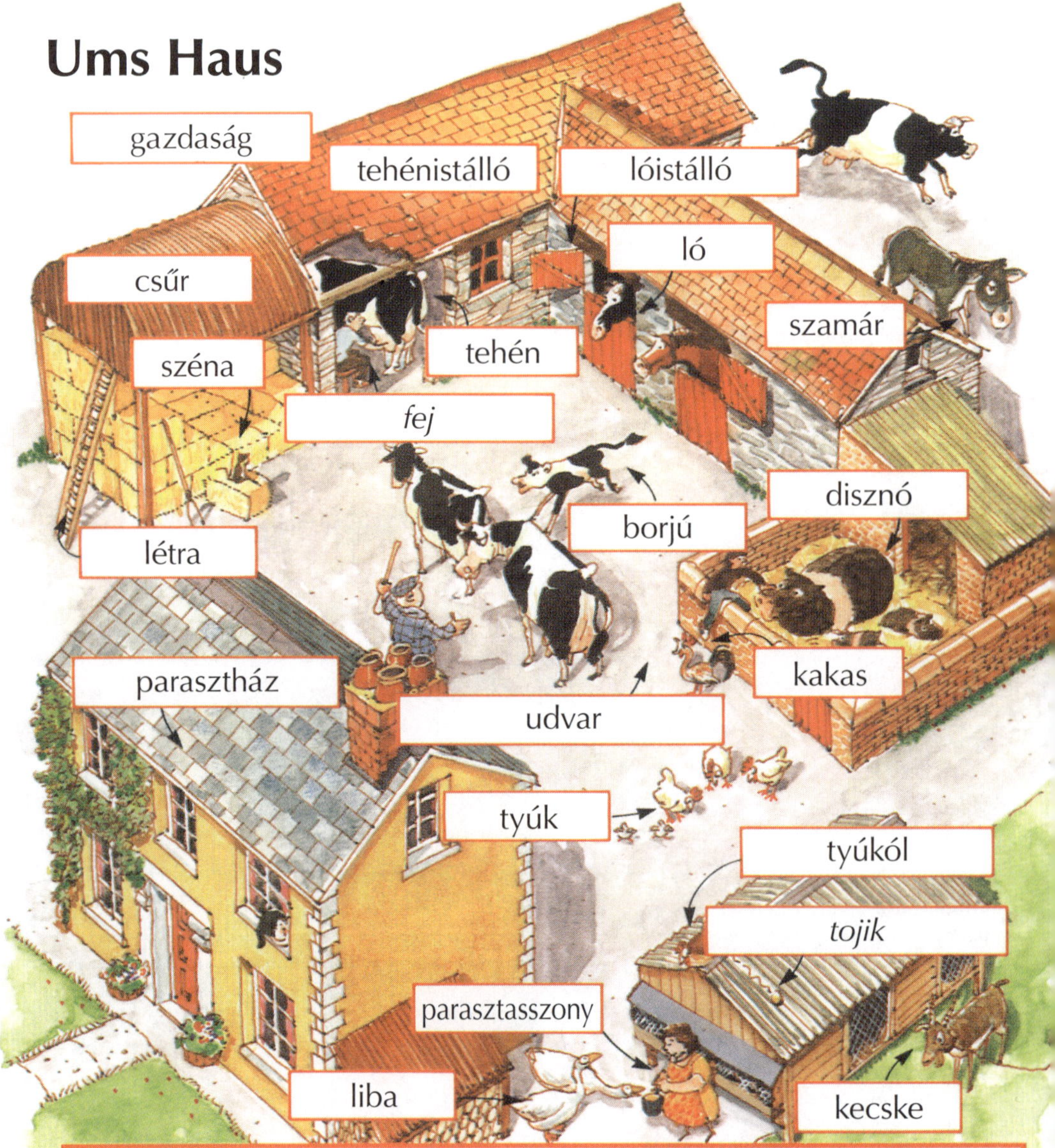

gazdaság	der Bauernhof	**létra**	die Leiter
tehénistálló	der Kuhstall	**parasztház**	das Bauernhaus
lóistálló	der Pferdestall	**udvar**	der Hof
ló	das Pferd	**tyúk**	das Huhn
csűr	die Scheune	**kakas**	der Hahn
széna	das Heu	**tyúkól**	der Hühnerstall
tehén	die Kuh	**tojik**	Eier legen
fej	melken	**parasztasszony**	die Bäuerin
borjú	das Kalb	**liba**	die Gans
szamár	der Esel	**disznó**	die Ziege
kecske	das Schwein		

mező	das Feld
nyáj	die Herde
juh	das Schaf
bárány	das Lamm
paraszt	der Bauer
kapu	das Tor
juhászkutya	der Schäferhund

szőlőhegy	der Weinberg
szőlő	die Rebe
arat	ernten
szénakazal	der Heuhaufen
gabona	das Getreide
vet	säen

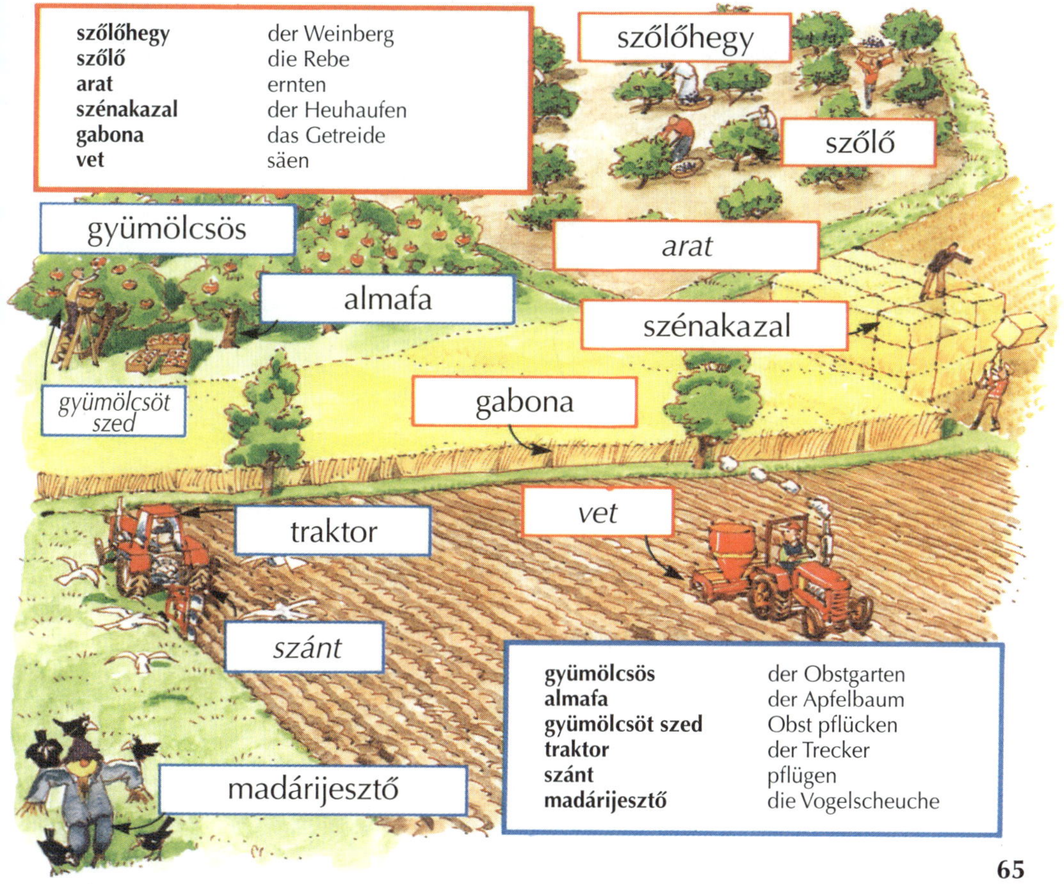

gyümölcsös	der Obstgarten
almafa	der Apfelbaum
gyümölcsöt szed	Obst pflücken
traktor	der Trecker
szánt	pflügen
madárijesztő	die Vogelscheuche

Berufe

munkába megy	zur Arbeit gehen	**ebédszünet**	die Mittagspause
elkésik	zu spät kommen	**túlóra**	Überstunden
pontos	pünktlich sein		

iroda	das Büro	**szorgalmas**	fleißig
főnöknő	die Chefin	**lusta**	faul
titkárnő	die Sekretärin	**nyugdíjba megy**	in Rente gehen
felvesz valakit	jemanden einstellen	**elbocsát valakit**	jemanden entlassen
alkalmazott	der/die Angestellte		

foglalkozás	der Beruf
kőműves	der Maurer
vízszerelő	der Klempner
építész	der Architekt

bíró	der Richter
ügyvédnő	die Rechtsanwältin
újságírónő	die Journalistin
rendőr	der Polizist

lelkész	der Pfarrer
fényképész	der Fotograf
üzlettulajdonos	der Ladenbesitzer
ügynök	der Vertreter

tengerész	der Seemann
katona	der Soldat
formatervező	der Designer
fodrász	der Friseur
modell	das Model

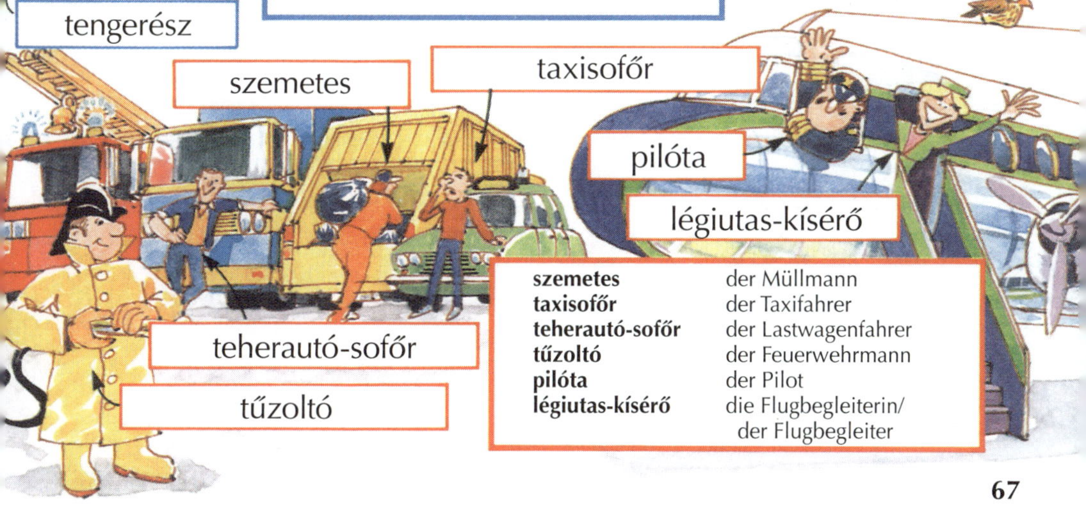

szemetes	der Müllmann
taxisofőr	der Taxifahrer
teherautó-sofőr	der Lastwagenfahrer
tűzoltó	der Feuerwehrmann
pilóta	der Pilot
légiutas-kísérő	die Flugbegleiterin/ der Flugbegleiter

Gesundheit und Krankheit

rosszul érzi magát	sich krank fühlen	**recept**	das Rezept
lázat mér	die Temperatur messen	**meggyógyít**	heilen
hőmérő	das Thermometer	**tabletta**	die Tablette
lázas	Fieber haben	**jobban érzi magát**	sich besser fühlen
orvos	die Ärztin/der Arzt	**egészséges**	gesund

meg van fázva	eine Erkältung haben
tüsszög	niesen
elájul	in Ohnmacht fallen
fáj a hasa	Bauchweh haben
hány	sich übergeben
fáj a feje	Kopfschmerzen haben

fogorvos	der Zahnarzt
betömeti a fogát	sich einen Zahn plombieren lassen
injekció	die Spritze
fáj a foga	Zahnschmerzen haben

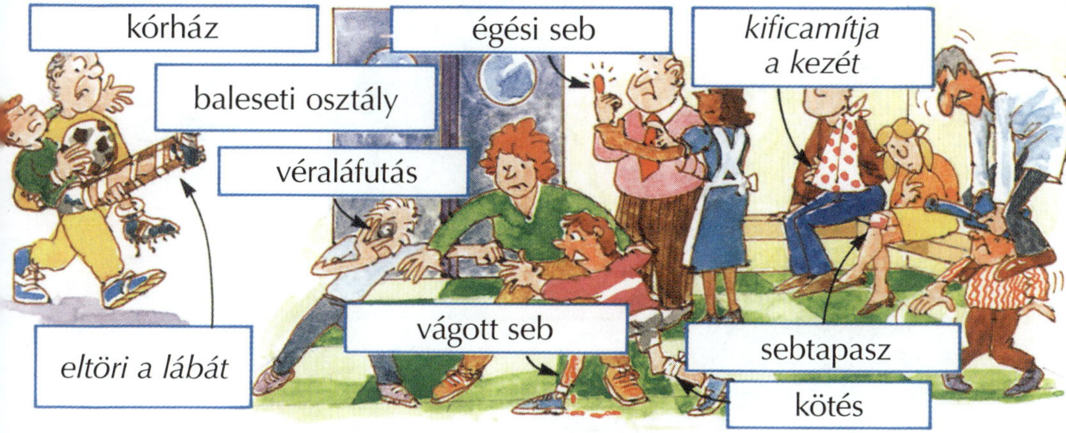

kórház	das Krankenhaus	**égési seb**	die Verbrennung
baleseti osztály	die Unfallstation	**kificamítja a kezét**	sich die Hand verstauchen
eltöri a lábát	sich das Bein brechen	**sebtapasz**	das Heftpflaster
véraláfutás	der Bluterguss	**kötés**	der Verband
vágott seb	die Schnittwunde		

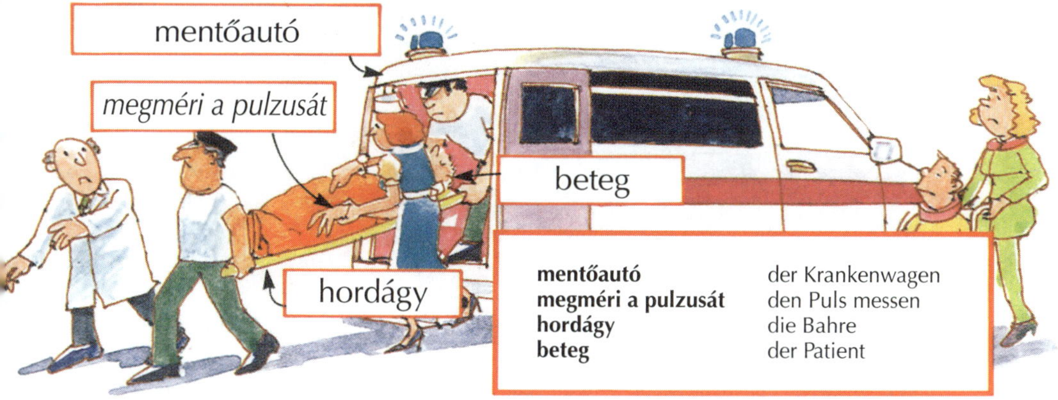

mentőautó	der Krankenwagen
megméri a pulzusát	den Puls messen
hordágy	die Bahre
beteg	der Patient

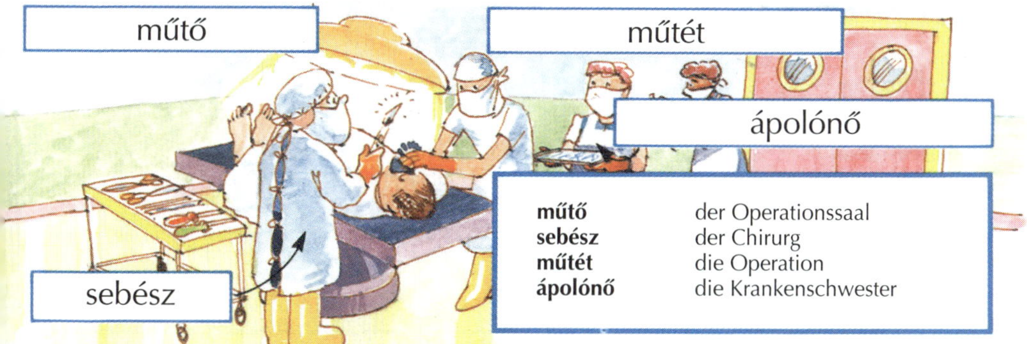

műtő	der Operationssaal
sebész	der Chirurg
műtét	die Operation
ápolónő	die Krankenschwester

Schule und Unterricht

óvoda	der Kindergarten	**gimnázium**	das Gymnasium
általános iskola	die Grundschule	**igazgatónő**	die Direktorin
igazgató	der Direktor	**egyetem**	die Universität

iskolában	in der Schule	**egyszerű**	einfach
osztályterem	das Klassenzimmer	**nehéz**	schwierig
térkép	die Karte	**tábla**	die Tafel
tanóra	die Unterrichtsstunde	**kréta**	die Kreide
tanár	der Lehrer	**olvas**	lesen
tanít	unterrichten	**ír**	schreiben
tanuló	der Schüler	**kérdez valamit**	etwas fragen
tanul	lernen		

iskolatáska	der Schulranzen
füzet	das Heft
tolltartó	das Federmäppchen
töltőtoll	der Füller
golyóstoll	der Kugelschreiber
ceruza	der Bleistift
radír	der Radiergummi
vonalzó	das Lineal

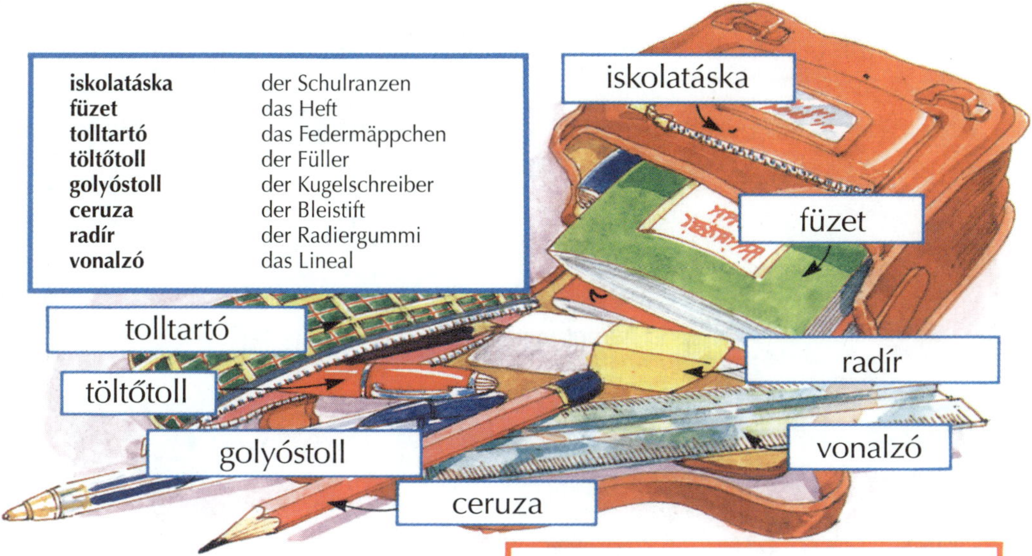

óvodában	im Kindergarten
játék	das Spielzeug
színes ceruza	der Buntstift
képeskönyv	das Bilderbuch
játszik	spielen

iskolaudvar	der Schulhof
szünet	die Pause
csengő	die Klingel
ruhatár	die Garderobe

Schule und Unterricht

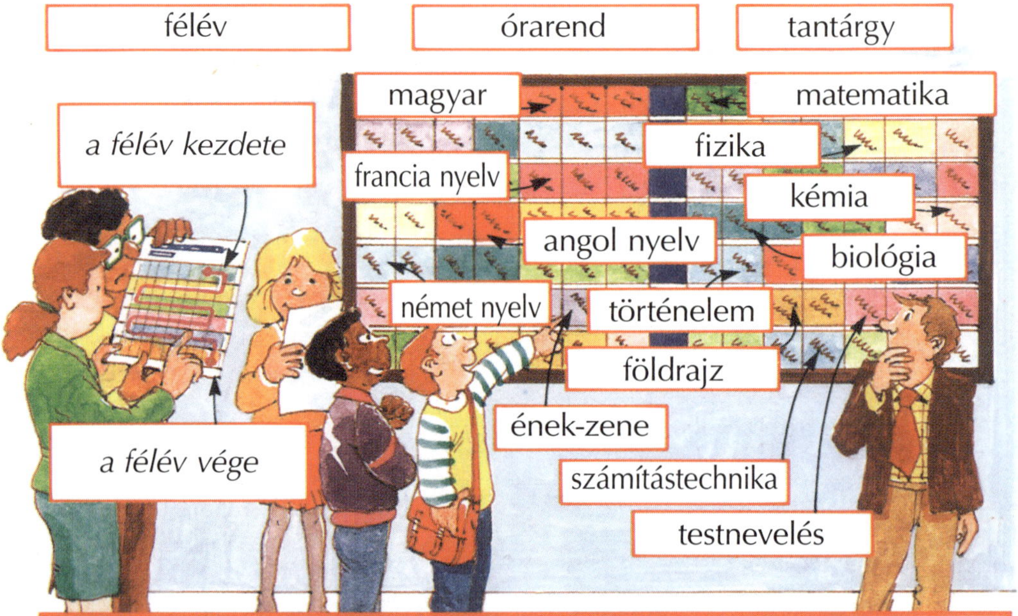

félév	das Schulhalbjahr	**magyar**	Ungarisch
a félév kezdete	der Anfang des Schulhalbjahres	**matematika**	Mathematik
a félév vége	das Ende des Schulhalbjahres	**fizika**	Physik
órarend	der Stundenplan	**kémia**	Chemie
tantárgy	das Fach	**biológia**	Biologie
francia nyelv	Französisch	**történelem**	Geschichte
angol nyelv	Englisch	**földrajz**	Erdkunde
német nyelv	Deutsch	**ének-zene**	Musik
		számítástechnika	Informatik
		testnevelés	Sport

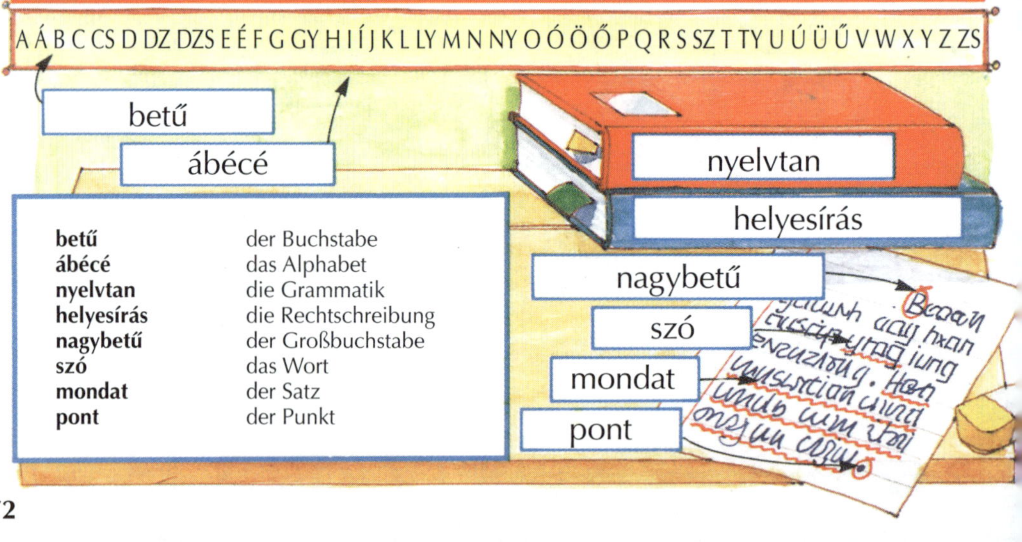

betű	der Buchstabe
ábécé	das Alphabet
nyelvtan	die Grammatik
helyesírás	die Rechtschreibung
nagybetű	der Großbuchstabe
szó	das Wort
mondat	der Satz
pont	der Punkt

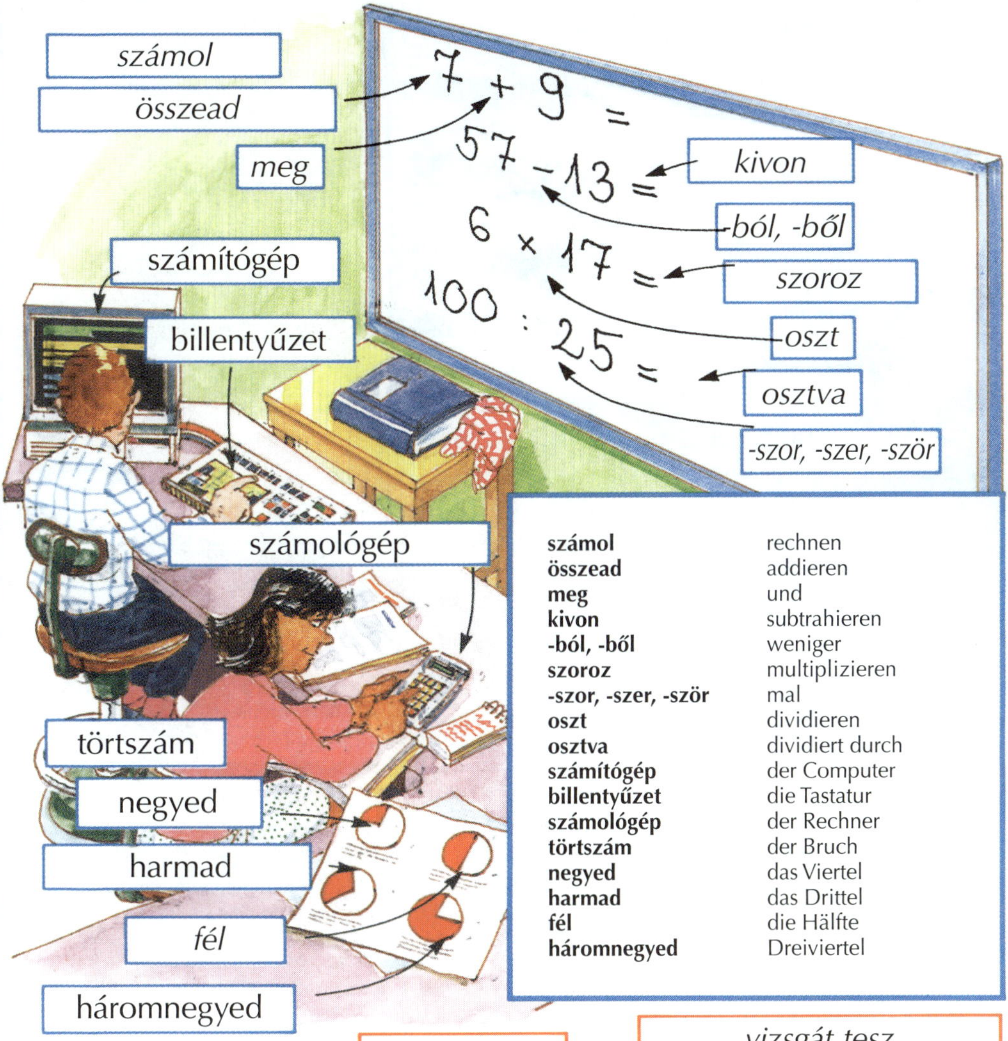

számol	rechnen
összead	addieren
meg	und
kivon	subtrahieren
-ból, -ből	weniger
szoroz	multiplizieren
-szor, -szer, -ször	mal
oszt	dividieren
osztva	dividiert durch
számítógép	der Computer
billentyűzet	die Tastatur
számológép	der Rechner
törtszám	der Bruch
negyed	das Viertel
harmad	das Drittel
fél	die Hälfte
háromnegyed	Dreiviertel

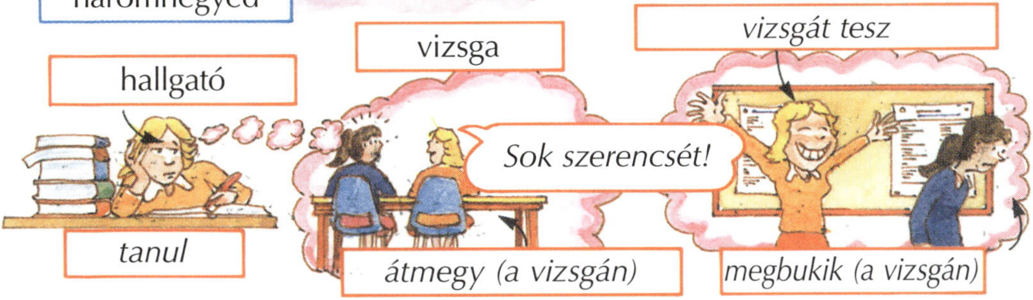

hallgató	die Studentin/der Student	**Sok szerencsét!**	Viel Glück!
tanul	lernen	**átmegy (a vizsgán)**	(die Prüfung) bestehen
vizsga	die Prüfung	**megbukik (a vizsgán)**	(in der Prüfung) durchfallen
vizsgát tesz	eine Prüfung machen		

Formen und Maße

alak	die Form
kör	der Kreis
négyzet	das Quadrat
háromszög	das Dreieck
kúp	der Kegel
téglalap	das Rechteck

hatalmas	riesig
nagy	groß
kicsi	klein
apró	winzig

méret	die Größe
mér	messen
méter	der Meter
centiméter	der Zentimeter
hossz	die Länge
szélesség	die Breite

űrtartalom	der Inhalt	**súly**	das Gewicht
liter	der Liter	**kiló**	das Kilo
fél liter	ein halber Liter	**fél kiló**	ein Pfund

Die Zahlen

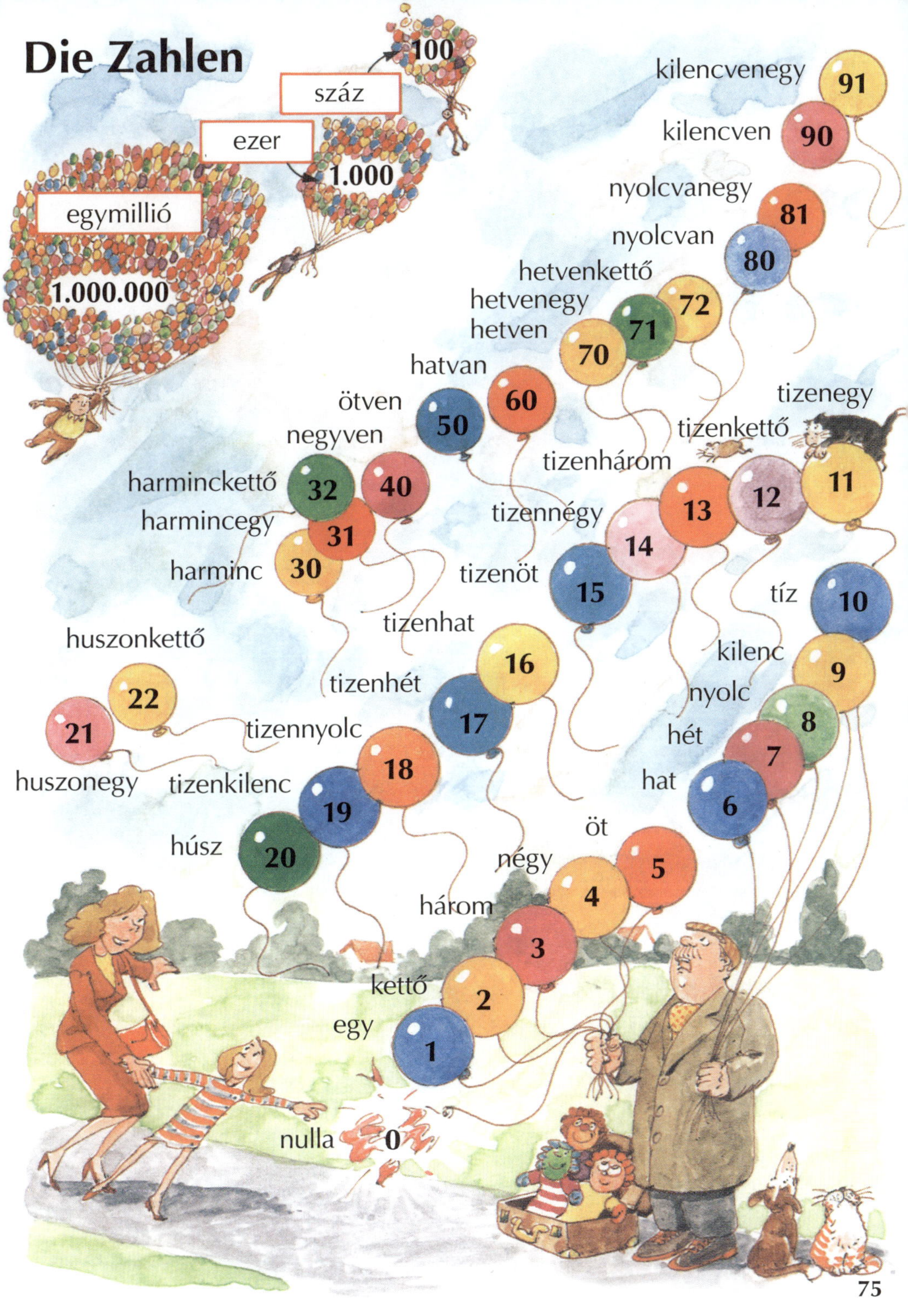
100
száz
ezer
1.000
egymillió
1.000.000
kilencvenegy
91
kilencven
90
nyolcvanegy
81
nyolcvan
80
hetvenkettő
72
hetvenegy
71
hetven
70
hatvan
60
ötven
50
negyven
40
harminckettő
32
harmincegy
31
harminc
30
tizenegy
11
tizenkettő
12
tizenhárom
13
tizennégy
14
tizenöt
15
tizenhat
16
tizenhét
17
tizennyolc
18
tizenkilenc
19
húsz
20
huszonegy
21
huszonkettő
22
tíz
10
kilenc
9
nyolc
8
hét
7
hat
6
öt
5
négy
4
három
3
kettő
2
egy
1
nulla
0

Sport

formában marad	fit bleiben	**fejpánt**	das Stirnband
edz	trainieren	**tornacipő**	die Turnschuhe
kocog	joggen	**melegítőruha**	der Trainingsanzug

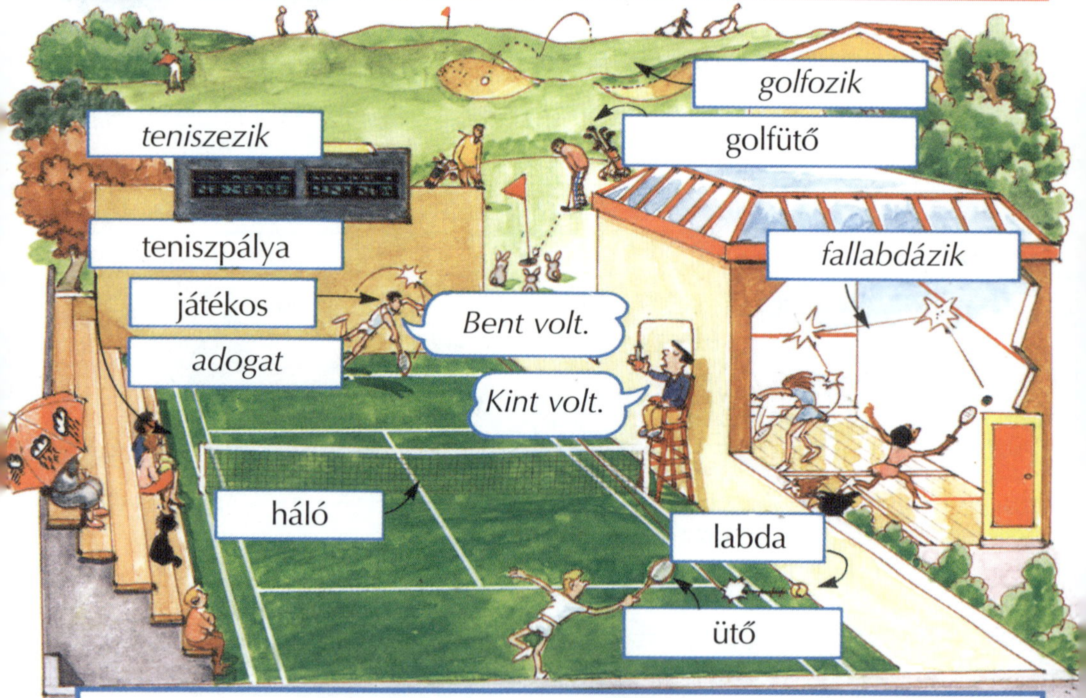

teniszezik	Tennis spielen	**háló**	das Netz
teniszpálya	der Tennisplatz	**labda**	der Ball
játékos	der Spieler	**ütő**	der Schläger
adogat	aufschlagen	**golfozik**	Golf spielen
Bent volt.	In.	**golfütő**	der Golfschläger
Kint volt.	Aus.	**fallabdázik**	Squash spielen

focizik	Fußball spielen
játékvezető	der Schiedsrichter
csapat	die Mannschaft
sportpálya	der Sportplatz
kapus	der Torwart
focilabda	der Fußball
gólt lő	ein Tor schießen

uszoda	das Schwimmbad	**gyorsúszik**	kraulen
úszik	schwimmen	**ugrik**	springen
háton úszik	rückenschwimmen	**ugródeszka**	das Sprungbrett
mellúszik	brustschwimmen		

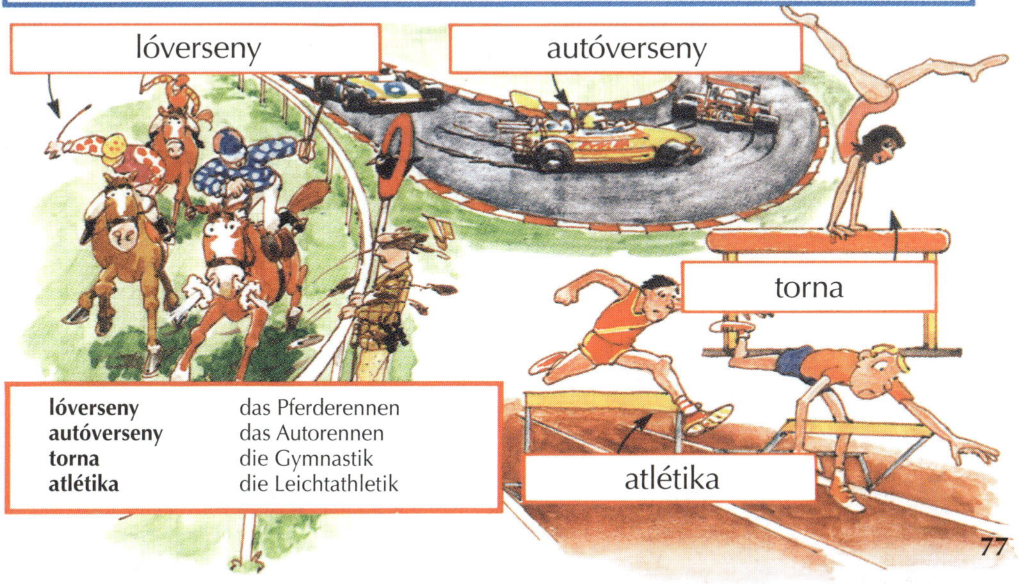

lóverseny	das Pferderennen
autóverseny	das Autorennen
torna	die Gymnastik
atlétika	die Leichtathletik

Feiertage

születésnap	der Geburtstag
buli	die Party
léggömb	der Luftballon
Boldog születésnapot kívánok!	Herzlichen Glückwunsch zum Geburtstag!
meghív	einladen
jól mulat	Spaß haben
torta	die Torte
gyertya	die Kerze
üdvözlőlap	die Karte
ajándék	das Geschenk
csomagolás	die Verpackung

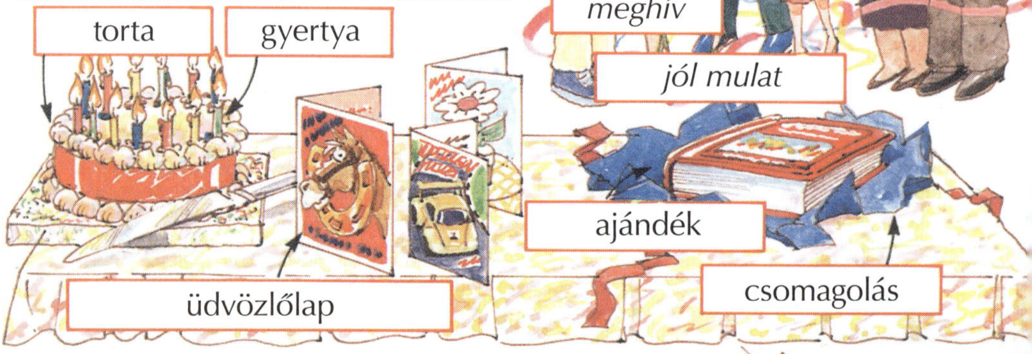

húsvét	Ostern
karácsony	Weihnachten
szenteste	der Heilige Abend
karácsony első napja	der 1. Weihnachtstag
karácsonyfa	der Weihnachtsbaum

eljegyzi magát	sich verloben
esküvő	die Hochzeit
összeházasodnak	heiraten
vőlegény	der Bräutigam
menyasszony	die Braut
vendég	der Gast
gratulál	gratulieren
virágcsokor	der Blumenstrauß
boldog	glücklich sein
nászút	die Flitterwochen

Boldog karácsonyt!	Frohe Weihnachten!
karácsonyi dal	das Weihnachtslied
ajándékoz	schenken
kap	bekommen
Köszönöm szépen.	Danke schön.
megköszön	sich bedanken

szilveszter	Silvester
újév	Neujahr
ünnepel	feiern
Boldog új évet!	Ein gutes neues Jahr!

Der Kalender

naptár	der Kalender
hónap	der Monat
január	Januar
február	Februar
március	März
április	April
május	Mai
június	Juni
július	Juli
augusztus	August
szeptember	September
október	Oktober
november	November
december	Dezember
év	das Jahr
nap	der Tag
hét	die Woche
hétvége	das Wochenende
hétfő	Montag
kedd	Dienstag
szerda	Mittwoch
csütörtök	Donnerstag
péntek	Freitag
szombat	Samstag
vasárnap	Sonntag

napló	das Tagebuch
dátum	das Datum
június 2-a, kedd	Dienstag, der 2. Juni
elseje	der erste
másodika	der zweite
harmadika	der dritte
negyedike	der vierte
ötödike	der fünfte

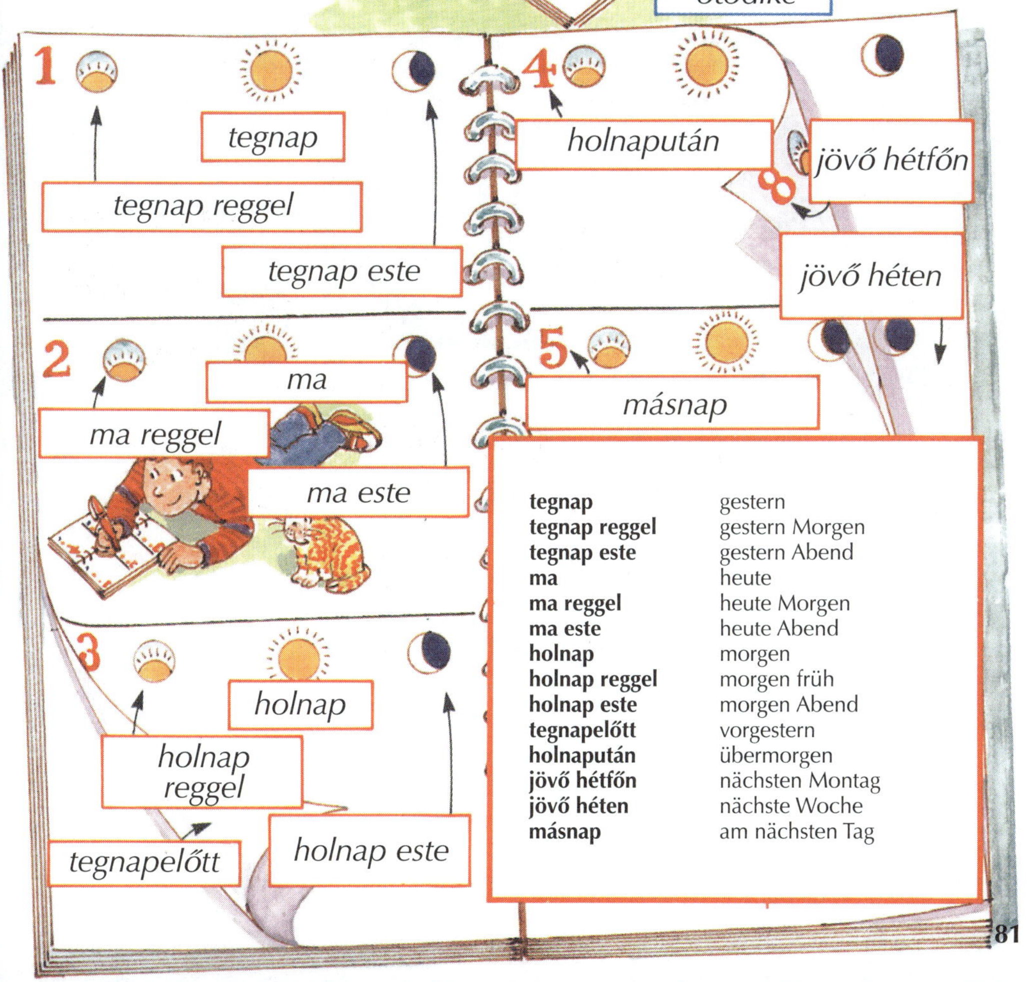

tegnap	gestern
tegnap reggel	gestern Morgen
tegnap este	gestern Abend
ma	heute
ma reggel	heute Morgen
ma este	heute Abend
holnap	morgen
holnap reggel	morgen früh
holnap este	morgen Abend
tegnapelőtt	vorgestern
holnapután	übermorgen
jövő hétfőn	nächsten Montag
jövő héten	nächste Woche
másnap	am nächsten Tag

Die Zeit

hajnal	das Morgengrauen	**Világos van.**	Es ist hell.
napfelkelte	der Sonnenaufgang	**Nap**	die Sonne
Virrad.	Es wird hell.	**nappal**	der Tag
ég	der Himmel	**reggel**	der Morgen

délután	der Nachmittag	**Sötét van.**	Es ist dunkel.
este	der Abend	**éjjel**	die Nacht
naplemente	der Sonnenuntergang	**csillagok**	die Sterne
Sötétedik.	Es wird dunkel.	**Hold**	der Mond

Mennyi az idő?	Wie spät ist es?	**éjfél**	Mitternacht
óra	die Stunde	**háromnegyed tíz**	Viertel vor zehn
perc	die Minute	**öt perccel múlt tíz**	fünf nach zehn
másodperc	die Sekunde	**negyed tizenegy**	Viertel nach zehn
Egy óra.	Es ist dreizehn Uhr.	**fél tizenegy**	halb elf
Három óra.	Es ist fünfzehn Uhr.	**reggel nyolc**	acht Uhr morgens
dél	Mittag	**este nyolc**	acht Uhr abends

idő	die Zeit	**akkor**	damals
múlt	die Vergangenheit	**a jövőben**	in der Zukunft
jövő	die Zukunft	**most**	jetzt
jelen	die Gegenwart		

Das Wetter und die Jahreszeiten

évszak	die Jahreszeit
tavasz	der Frühling
nyár	der Sommer
ősz	der Herbst
tél	der Winter

időjárás	das Wetter
Esik az eső.	Es regnet.
eső	der Regen
vihar	der Sturm
felhő	die Wolke
villám	der Blitz
mennydörgés	der Donner
esernyő	der Regenschirm
szivárvány	der Regenbogen
gumicsizma	die Gummistiefel
csuromvizes	klatschnass
tócsa	die Pfütze
esőcsepp	der Regentropfen
árvíz	das Hochwasser
jégeső	der Hagel

éghajlat	das Klima
időjárás-jelentés	die Wettervorhersage
Milyen idő van?	Wie ist das Wetter?

Szép idő van.	Es ist schön.
Süt a nap.	Die Sonne scheint.
izzad	schwitzen
Melegem van.	Mir ist warm.

szél	der Wind
Fúj a szél.	Es ist windig.
köd	der Nebel
Köd van.	Es ist neblig.

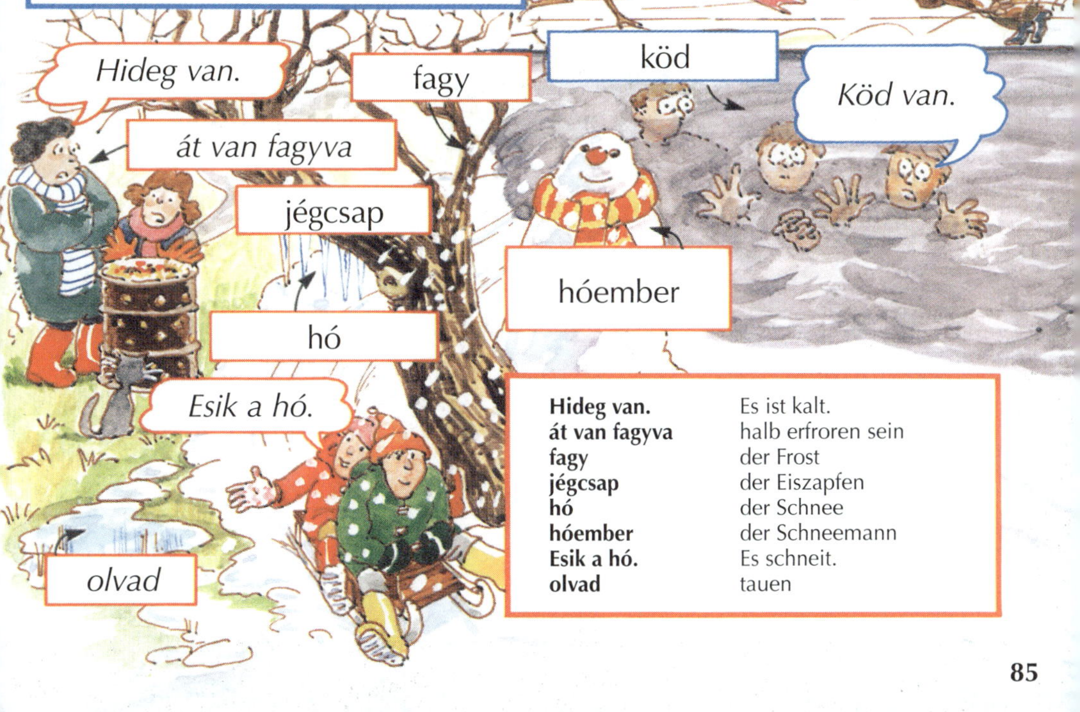

Hideg van.	Es ist kalt.
át van fagyva	halb erfroren sein
fagy	der Frost
jégcsap	der Eiszapfen
hó	der Schnee
hóember	der Schneemann
Esik a hó.	Es schneit.
olvad	tauen

Die Erde und das Weltall

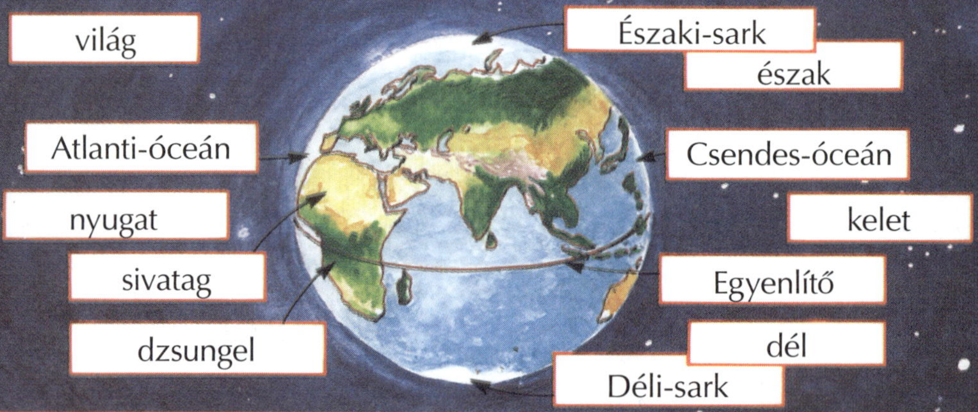

világ	die Welt	**észak**	der Norden
Atlanti-óceán	der Atlantik	**Csendes-óceán**	der Pazifik
nyugat	der Westen	**kelet**	der Osten
sivatag	die Wüste	**Egyenlítő**	der Äquator
dzsungel	der Dschungel	**dél**	der Süden
Északi-sark	der Nordpol	**Déli-sark**	der Südpol

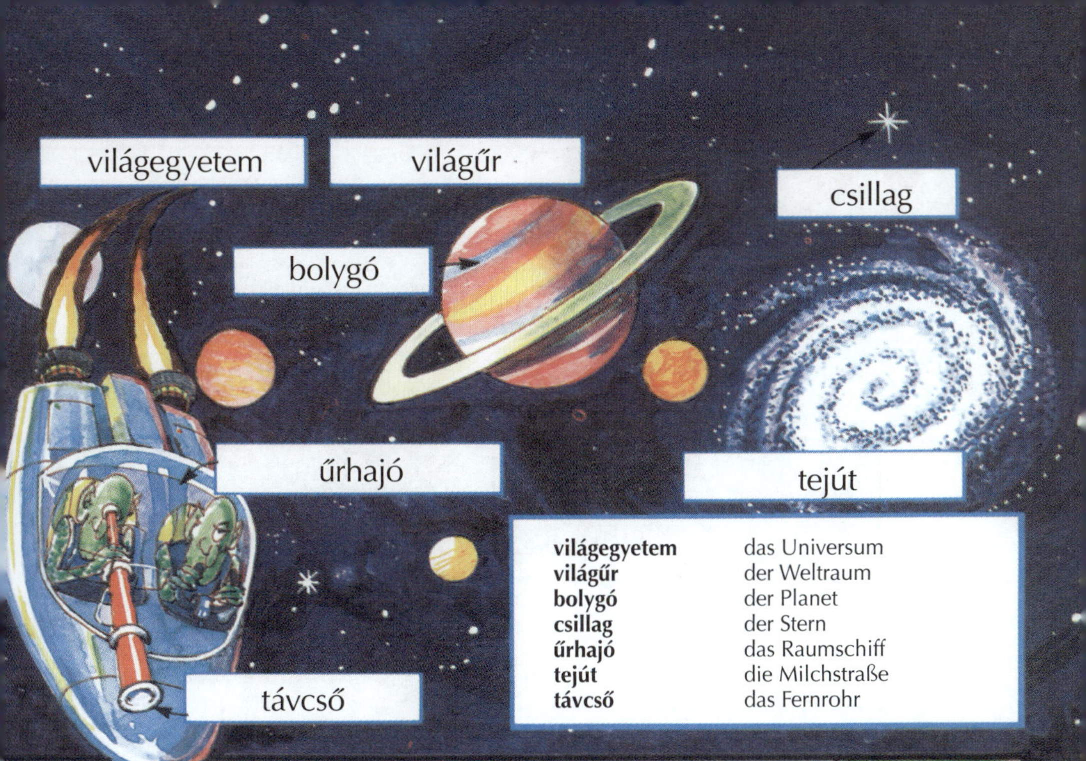

világegyetem	das Universum
világűr	der Weltraum
bolygó	der Planet
csillag	der Stern
űrhajó	das Raumschiff
tejút	die Milchstraße
távcső	das Fernrohr

földrész	der Kontinent
ország	das Land
Oroszország	Russland
Európa	Europa
Afrika	Afrika
Japán	Japan
Kína	China
India	Indien
Ausztrália	Australien
Új-Zéland	Neuseeland
Kanada	Kanada
USA	die USA
Dél-Amerika	Südamerika

Skandinávia	Skandinavien
Nagy-Britannia	Großbritannien
Hollandia	die Niederlande
Belgium	Belgien
Németország	Deutschland
Franciaország	Frankreich
Svájc	die Schweiz
Olaszország	Italien
Spanyolország	Spanien

Die Politik

elnök	der Präsident
országgyűlés	das Parlament
képviselőnő	die Abgeordnete
államfő	das Staatspräsident
kormány	die Regierung

párt	die Partei
elnökasszony	die Vorsitzende
népszerű	beliebt
tag	das Mitglied

választás	die Wahl	**centrum**	Mitte
választ	wählen	**jobboldal**	rechts
győz	gewinnen	**belép valahová**	Mitglied werden
veszít	verlieren	**tagja valaminek**	Mitglied sein
baloldal	links		

média	die Medien
meginterjúvol	interviewen
fontos	wichtig
érdekes	interessant
újság	die Zeitung
hírek	die Nachrichten
főcím	die Schlagzeile
újságcikk	der Artikel
igaz	wahr
hamis	falsch

politika	die Politik	**adó**	die Steuer
társadalom	die Gesellschaft	**szakszervezet**	die Gewerkschaft
demokratikus	demokratisch	**munkanélküliség**	die Arbeitslosigkeit
bér	der Lohn		

Noch mehr Eigenschaften

hangos	laut
nyugodt	ruhig
szófogadó	artig
szemtelen	frech
egyforma	gleich
különböző	unterschiedlich

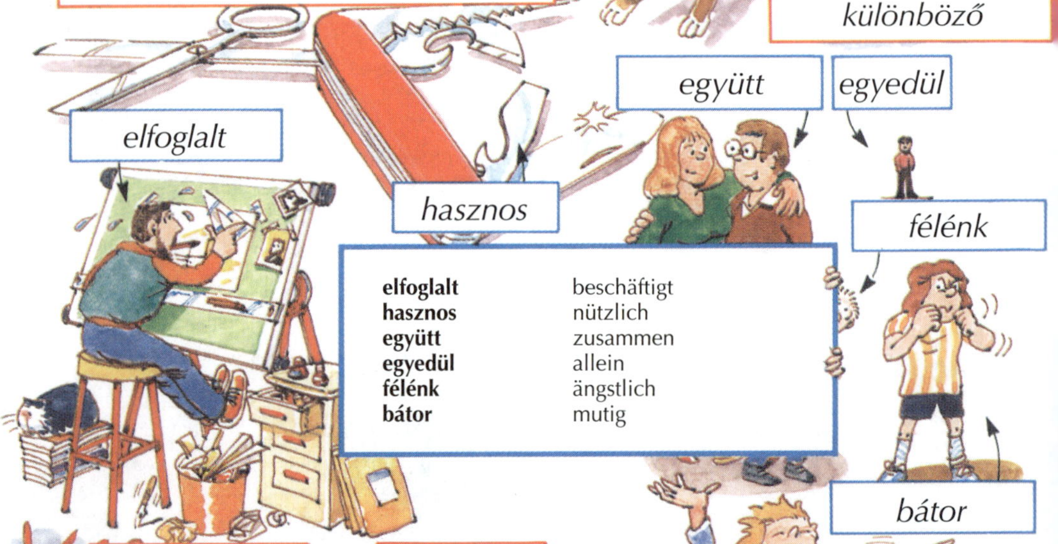

elfoglalt	beschäftigt
hasznos	nützlich
együtt	zusammen
egyedül	allein
félénk	ängstlich
bátor	mutig

figyelmetlen	unaufmerksam
óvatos	vorsichtig
mérges	böse
elégedett	zufrieden
eleven	lebhaft
unalmas	langweilig

tele	voll
üres	leer
hosszú	lang
rövid	kurz
kemény	hart
puha	weich

új	neu
régi	alt
nyitva van	offen sein
zárva van	geschlossen sein
mély	tief
sekély	flach

szűk	eng
bő	weit
divatos	modisch
régimódi	altmodisch
utolsó	letzt-

műanyag-	aus Plastik
fa-	aus Holz
arany-	aus Gold
fém-	aus Metall
ezüst-	aus Silber

Die Farben

szín	die Farbe	**élénk**	leuchtend
piros	rot	**narancssárga**	orange
rózsaszín	rosa	**kék**	blau
halvány	blass	**sötétkék**	dunkelblau
fehér	weiß	**lila**	lila
fekete	schwarz	**sötét**	dunkel
szürke	grau	**zöld**	grün
tompa	matt	**virágmintás**	geblümt
barna	braun	**pöttyös**	gepunktet
sárga	gelb	**csíkos**	gestreift

In, auf, unter…

-ban, -ben	in	**mögött, mögé**	hinter
-on, -en, -ön	auf	**háttal valaminek**	mit dem Rücken gegen
alatt, alá	unter	**át, keresztül**	durch
fölött, fölé	über	**valami felé**	auf … zu
-ba, -be	in	**el valamitől**	weg von
-ból, -ből	aus	**felfelé**	hinauf
mellett, mellé	neben	**lefelé**	hinunter
között, közé	zwischen	**szemben**	gegenüber
közel valamihez	nahe an	**-val, -vel**	mit
messzire valamitől	weit weg von	**nélkül**	ohne
előtt, elé	vor		

Handlungen

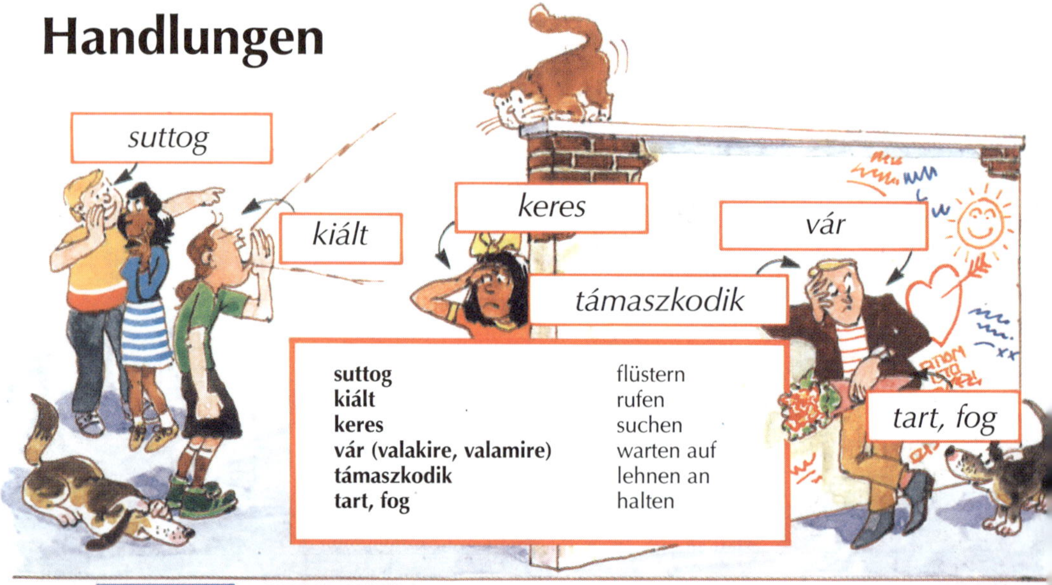

suttog	flüstern
kiált	rufen
keres	suchen
vár (valakire, valamire)	warten auf
támaszkodik	lehnen an
tart, fog	halten

visz	tragen	**felvesz**	aufheben
elejt	fallen lassen	**állít**	hinstellen

érint	berühren
nyit	öffnen
zár	zumachen
önt	gießen
megtölt	füllen
ráz	schütteln
kiürít	leeren

elszakít	zerreißen
megfoltoz	flicken
dob	werfen
megfog	fangen
felborít	umwerfen
eltörik	zerbrechen

húz	ziehen	**elfut**	weglaufen
tol	drücken	**üldöz**	verfolgen
lop	stehlen	**elbújik**	sich verstecken
elcsúszik	ausrutschen		

Kurzgrammatik

1. Aussprache und Betonung

Die Buchstaben oder Buchstabenkombinationen im Ungarischen stehen in der Regel für einen bestimmten Laut. Ausnahmen bilden meistens nur Eigennamen, deren Schreibung einer älteren Rechtschreibung folgt.

1.1. Vokale

Im Ungarischen gibt es 14 Vokale. Der Schrägstrich über den Vokalbuchstaben bezieht sich nicht auf die Betonung, sondern auf die Länge der Vokale. Die kurzen und langen Vokale bilden die folgenden Paare (Tabelle 1).

1.2. Konsonanten

Im Ungarischen gibt es Konsonanten, die in der Schrift mit einem Buchstaben wiedergegeben werden. Einige schreibt man jedoch mit zwei oder drei Buchstaben. Die meisten Konsonanten werden ähnlich wie im Deutschen ausgesprochen. Außerdem gilt:

(1) Die Laute *b, d, g* am Ende einer Silbe oder eines Wortes werden „weicher" ausgesprochen als im Deutschen, sie sind auch im Auslaut stimmhaft.

(2) Die Laute *p, t, k* werden nicht von einem Hauchgeräusch begleitet, sie sind immer unbehaucht.

(3) Das *r* ist immer ein Zungenspitzen-*r*. Dieser Laut existiert nur in einigen deutschen Dialekten (Tabelle 2).

Betont wird im Ungarischen immer die erste Silbe, auch in Wörtern fremder Herkunft.

1.3. Vokalharmonie

Im Ungarischen spielt es eine wichtige Rolle, ob die Vokale in einem Wort hell (*e, é, i, í, ö, ő, ü, ű*) oder dunkel (*a, á, o, ó, u, ú*) sind. Viele Endungen haben mehrere (zwei oder seltener drei) Varianten. Die richtige Endung hängt immer von den Vokalen im Wort ab. Wenn das Wort helle Vokale enthält, bekommt es meistens die helle Endung (*december – december**ben*** ‚Dezember – im Dezember'), wenn dunkle, dann die dunkle (*január – január**ban*** ‚Januar – im Januar'). An gemischte Stämme, in denen helle und dunkle Vokale ebenfalls vorkommen, wird im Allgemeinen die dunkle Variante angehängt (*március – március**ban*** ‚März – im März').

2. Die Wortarten

2.1. Das Verb

Verben drücken Handlungen, Geschehen oder Zustände aus, und bilden das Gerüst der

Tabelle 1

Der ungarische Buchstabe	Die Aussprache des Buchstabens	Beispiel
a	Wie in ***heu**te*, ohne den zweiten Teil des Doppellautes, kurz	*hat* ‚sechs'
á	Wie das *a* in *Afrika*, lang	*láb* ‚Fuß'
e	Wie das e in *essen*, kurz	*eszik* ‚er/sie isst'
é	Wie das e in *See*, lang	*szép* ‚schön'
i	Wie das *i* in *Kind*, kurz	*ki* ‚wer'
í	Wie das *i* in *ihnen*, lang	*így* ‚so'
o	Wie das *o* in *hocken*, kurz	*hogy* ‚dass/wie'
ó	Wie das *o* in *Hof*, lang	*hó* ‚Schnee'
ö	Wie das ö in *öffnen*, kurz	*öt* ‚fünf'
ő	Wie das ö in *Öl*, lang	*ő* ‚er/sie'
u	Wie das *u* in *und*, kurz	*unalmas* ‚langweilig'
ú	Wie das *u* in *Fuß*, lang	*fúj* ‚er/sie bläst'
ü	Wie das *ü* in *Müll*, kurz	*ül* ‚er/sie sitzt'
ű	Wie das *ü* in *fühlen*, lang	*fű* ‚Gras'

Tabelle 2

Der ungarische Buchstabe	Die Aussprache des Buchstabens bzw. der Buchstabenkombination	Beispiel
b	Wie das *b* in *aber*	*ábécé* ‚Alphabet'
c	Wie das *z* in *Zimmer*	*cím* ‚Adresse'
cs	Wie das *tsch* in *Tschüss*	*csőr* ‚Schnabel'
d	Wie das *d* in *Laden*	*nád* ‚Schilf'
dz	Wie das *zz* in *Pizza*	*edz* ‚er/sie traniert'
dzs	Wie das *j* in *Jazz*	*dzsessz* ‚Jazz'
f	Wie das *f* in *fahren*	*fáradt* ‚müde'
g	Wie das *g* in *Wege*	*vége* ‚Ende'
gy	Als ob man ein *d* und ein *j* hintereinander aussprechen würde, ähnlich wie in *Adjektiv*	*egy* ‚eins'
h	Wie das *h* in *Hut*	*húsz* ‚zwanzig'
j	Wie das *j* in *Joga*	*jó* ‚gut'
k	Wie das *k* in *Bäcker*	*béka* ‚Frosch'
l	Wie das *l* in *Lampe*	*lámpa* ‚Lampe'
ly	Genauso wie das *j* in *Joga*	*lyuk* ‚Loch'
m	Wie das *m* in *Mai*	*máj* ‚Leber'
n	Wie das *n* in *neu*	*nap* ‚Tag'
ny	Als ob man ein *n* und ein *j* hintereinander aussprechen würde, wie im französischen Wort *Cognak*	*konyha* ‚Küche'
p	Wie das *p* in *Aperitiv*	*apa* ‚Vater'
q	Kommt nur in Fremdwörtern vor.	
r	Zungenspitzen-*r*	
s	Wie das *sch* in *schaut*	*sajt* ‚Käse'
sz	Wie das *ß* in *Fuß*	*úszik* ‚er/sie schwimmt'
t	Wie das *t* in *Wetter*	*vet* ‚er/sie sät'
ty	Als ob man ein *t* und ein *j* hintereinander aussprechen würde, ähnlich wie in *Tja!*	*tyúk* ‚Huhn'
v	Wie das *w* in *Westen*	*vesz* ‚er/sie nimmt'
x	Kommt nur in Fremdwörtern und in Namen fremder Herkunft vor.	*taxi* ‚Taxi'
y	Kommt in den Doppelbuchstaben und in alten Namen vor, dort wie *i* ausgesprochen.	
z	Wie das *s* in *Wesen*	*vezet* ‚er/sie fährt'
zs	Wie das *j* in *Journalist*	*zsák* ‚Sack'

Sätze. Im Wörterbuch findet man ein ungarisches Verb immer in der 3. Person Singular (*vár* ‚er/sie wartet'). An diesen sog. Stamm können Endungen angehängt werden, die sich auf Verschiedenes beziehen können. Sie erscheinen zwischen dem Stamm und den Personalendungen. Die Personalendungen deuten auf die handelnde Person hin. Die Personalpronomina (*ich, du, er/sie/es* usw.) braucht man nur dann, wenn sie betont werden sollen (Tabelle 3).

Tabelle 3

Endung	Funktion	Struktur	Beispiel	Bedeutung
-t/-tt	Präteritum	elindul-t	A vonat elindul**t**.	‚Der Zug ist losgefahren.'
-j	Imperativ	indul-j-unk	Indul**j**unk!	‚Fahren wir los!'
-na/-ne -ná/-né	Konditional	indul-ná-nk	Indul**ná**nk, ha tud**ná**nk.	‚Wir würden losfahren, wenn wir könnten.'
-hat/ -het	Möglichkeit, Erlaubnis	indul-hat-unk	Indul**hat**unk.	‚Wir können los.'

Das Tempus

Tempus ist ein grammatischer Begriff, der mit der Zeit der ausgedrückten Handlung oder des wiedergegebenen Geschehens zusammenhängt. Im Ungarischen gibt es drei Tempusformen: Präsens/Gegenwart, Präteritum/Vergangenheit und Futur/Zukunft. In allen Tempusformen existieren zwei verschiedene Verbformen, die die Bestimmtheit oder Unbestimmtheit des Objektes anzeigen.

Das Präsens

ALLGEMEINE KONJUGATION

Die allgemeine Konjugation wird dann verwendet, wenn das Verb intransitiv ist (kein Akkusativobjekt nach sich ziehen kann) oder wenn das Akkusativobjekt unbestimmt ist.

*Magyarul tanul**ok***. ‚Ich lerne Ungarisch.' – allgemeine Konjugation (Tabelle 4).

(vgl. *Az első lecke szavait tanul**om***. ‚Ich lerne die Wörter der ersten Lektion.' – definite Konjugation).

DEFINITE KONJUGATION

Die definite Konjugation wird dann verwendet, wenn es ein bestimmtes Akkusativobjekt folgt.

*Az első lecke szavait tanul**om***. ‚Ich lerne die Wörter der ersten Lektion.' – definite Konjugation (Tabelle 5).

(vgl. *Magyarul tanul**ok***. ‚Ich lerne Ungarisch.' – allgemeine Konjugation).

Tabelle 4

Allgemeine Konjugation					
Person	**Personalendungen**	**mit dunklen Vokalen**	**mit hellen Vokalen**		**-*ik*-Verben***
(én)	-ok/-ek/-ök	tanul**ok** ‚ich lerne etwas'	keres**ek** ‚ich suche etwas'	küld**ök** ‚ich schicke etwas'	játsz**om** ‚ich spiele etwas'
(te)	-sz/-asz/-esz -ol/-el/-öl	tanul**sz**	keres**el**	küld**esz**	játsz**ol**
(ő)	–	tanul	keres	küld	játsz**ik**
(mi)	-unk/-ünk	tanul**unk**	keres**ünk**	küld**ünk**	játsz**unk**
(ti)	-tok/-tek/-tök -otok/-etek/-ötök	tanul**tok**	keres**tek**	küld**ötök**	játsz**otok**
(ők)	-nak/-nek -anak/-enek	tanul**nak**	keres**nek**	küld**enek**	játsz**anak**

*Die sog. -*ik*-Verben unterscheiden sich an zwei Stellen von den anderen Verben:
(1) In der 1. Person Singular bekommen sie die Endung *-om/-em/-öm*.
(2) In der 3. Person Singular weisen sie die Endung *-ik* auf.

Tabelle 5

Definite Konjugation				
Person	**Personalendungen**	**mit dunklen Vokalen**	**mit hellen Vokalen**	
(én)	-om/-em/-öm	tanul**om** ‚ich lerne es'	keres**em** ‚ich suche es'	küld**öm** ‚ich schicke es'
(te)	-od/-ed/-öd	tanul**od**	keres**ed**	küld**öd**
(ő)	-ja/-i	tanul**ja**	keres**i**	küld**i**
(mi)	-juk/-jük	tanul**juk**	keres**sük**	küld**jük**
(ti)	-játok/-itek	tanul**játok**	keres**itek**	küld**itek**
(ők)	-ják/-ik	tanul**ják**	keres**ik**	küld**ik**

DAS PRÄTERITUM

In der heutigen ungarischen Sprache kann man nur von einer Vergangenheitsform sprechen. Diese wird mit Hilfe der Endung *-t* + Personalendung gebildet (Tabelle 6).

Tabelle 6

	Allgemeine Konjugation			**Definite Konjugation**		
Person	**Endungen**	**mit dunklen Vokalen**	**mit hellen Vokalen**	**Endungen**	**mit dunklen Vokalen**	**mit hellen Vokalen**
(én)	-t-am/-t-em	tanul**tam** ‚ich lernte etwas'	keres**tem** ‚ich suchte etwas'	-t-am/-t-em	tanul**tam** ‚ich lernte es'	keres**tem** ‚ich suchte es'
(te)	-t-ál/t-él	tanul**tál**	keres**tél**	-t-ad/-t-ed	tanul**tad**	keres**ted**
(ő)	-t/-ett	tanul**t**	keres**ett**	-t-a/-t-e	tanul**ta**	keres**te**
(mi)	-t-unk/ -t-ünk	tanul**tunk**	keres**tünk**	-t-uk/-t-ük	tanul**tuk**	keres**tük**
(ti)	-t-atok/ -t-etek	tanul**tatok**	keres**tetek**	-t-átok/-t-étek	tanul**tátok**	keres**tétek**
(ők)	-t-ak/-t-ek	tanul**tak**	keres**tek**	-t-ák/-t-ék	tanul**ták**	keres**ték**

DAS FUTUR

Das Ungarische verwendet hauptsächlich das Präsens zum Ausdruck einer Handlung oder eines Geschehens in der Zukunft. Neben dieser Möglichkeit existiert jedoch auch eine zusammengesetzte Konstruktion, die aus den konjugierten Formen vom Hilfsverb *fog* (das als Vollverb die Bedeutung ‚nehmen' hat) und dem Infinitiv besteht (Tabelle 7).

Tabelle 7

Person	**Allgemeine Konjugation**	**Definite Konjugation**	***van/lesz* ‚sein/werden'**
(én)	fog**ok** tanulni ‚ich werde lernen'	fog**om** keresni ‚ich werde es suchen'	lesz**ek** ‚ich werde sein'
(te)	fog**sz** tanulni	fog**od** keresni	lesz**el**
(ő)	fog tanulni	fog**ja** keresni	lesz
(mi)	fog**unk** tanulni	fog**juk** keresni	lesz**ünk**
(ti)	fog**tok** tanulni	fog**játok** keresni	lesz**tek**
(ők)	fog**nak** tanulni	fog**ják** keresni	lesz**nek**

DER IMPERATIV
Im Ungarischen gibt es Befehlsformen für alle Personen. Sie werden mit Hilfe der Endung *-j* + Personalendung gebildet (Tabelle 8–9).

Tabelle 8

Allgemeine Konjugation				
Person	**Endungen**	**mit dunklen Vokalen**	**mit hellen Vokalen**	
(én)	-j-ak/-j-ek	tanul**jak** ‚ich soll etwas lernen'	keres**sek*** ‚ich soll etwas suchen'	küld**jek** ‚ich soll etwas schicken'
(te)	-j-ál/-j-él	tanul**j(ál)**	keress**(él)**	küld**j(él)**
(ő)	-j-on/-j-en/ -j-ön	tanul**jon**	keres**sen**	küld**jön**
(mi)	-j-unk/-j-ünk	tanul**junk**	keres**sünk**	küld**jünk**
(ti)	-j-atok/-j-etek	tanul**jatok**	keres**setek**	küld**jetek**
(ők)	-j-anak/-j-enek	tanul**janak**	keres**senek**	küld**jenek**

Tabelle 9

Definite Konjugation				
Person	**Endungen**	**mit dunklen Vokalen**	**mit hellen Vokalen**	
(én)	-j-am/-j-em	tanul**jam** ‚ich soll es lernen'	keres**sem*** ‚ich soll es suchen'	küld**jem** ‚ich soll es schicken'
(te)	-j-ad/-j-ed	tanul**(ja)d**	keres**(se)d**	küld**(je)d**
(ő)	-j-a/-j-e	tanul**ja**	keres**se**	küld**je**
(mi)	-j-uk/-j-ük	tanul**juk**	keres**sük**	küld**jük**
(ti)	-j-átok/-j-étek	tanul**játok**	keres**sétek**	küld**jétek**
(ők)	-j-ák/-j-ék	tanul**ják**	keres**sék**	küld**jék**

* Bei den Verben auf *-s, -z, -sz* wird der Auslaut verdoppelt und das Imperativzeichen *-j* fällt weg, z.B.: kere**s** + **jen** = keres**sen.**

DER KONDITIONAL
Das Verb im Konditional bezeichnet eine Möglichkeit. Er wird im Ungarischen grundsätzlich dort verwendet, wo im Deutschen der Konjunktiv II erscheint:
Ha lenne időm, meglátogatnálak. ‚Wenn ich Zeit hätte, würde ich dich besuchen.'

DAS PRÄSENS
Die Präsensform wird mit der Endung *-na, -ne, -ná, -né* + Personalendung gebildet (Tabelle 10).

DAS PRÄTERITUM
Die Vergangenheitsform des Konditionals wird aus dem Präteritum des Verbs + Hilfswort *volna* gebildet (Tabelle 11).

Ha nem tanult volna, megbukott volna. ‚Wenn er nicht gelernt hätte, wäre er durchgefallen.'

Tabelle 10

	Allgemeine Konjugation			Definite Konjugation		
Person	**Endungen**	**mit dunklen Vokalen**	**mit hellen Vokalen**	**Endungen**	**mit dunklen Vokalen**	**mit hellen Vokalen**
(én)	-né-k	tanul**nék**	keres**nék**	-ná-m/-né-m	tanul**nám**	keres**ném**
(te)	-ná-l/-né-l	tanul**nál**	keres**nél**	-ná-d/-né-d	tanul**nád**	keres**néd**
(ő)	-na/-ne	tanul**na**	keres**ne**	-ná/-né	tanul**ná**	keres**né**
(mi)	-ná-nk/ -né-nk	tanul**nánk**	keres**nénk**	-ná-nk/ -né-nk	tanul**nánk**	keres**nénk**
(ti)	-ná-tok/ -né-tek	tanul**nátok**	keres**nétek**	-ná-tok/ -né-tek	tanul**nátok**	keres**nétek**
(ők)	-ná-nak/ -né-nek	tanul**nának**	keres**nének**	-ná-k/ -né-k	tanul**nák**	keres**nék**

Tabelle 11

	Allgemeine Konjugation		Definite Konjugation	
Person	**mit dunklen Vokalen**	**mit hellen Vokalen**	**mit dunklen Vokalen**	**mit hellen Vokalen**
(én)	tanul**tam** volna	keres**tem** volna	tanul**tam** volna	keres**tem** volna
(te)	tanul**tál** volna	keres**tél** volna	tanul**tad** volna	keres**ted** volna
(ő)	tanul**t** volna	keres**ett** volna	tanul**ta** volna	keres**te** volna
(mi)	tanul**tunk** volna	keres**tünk** volna	tanul**tuk** volna	keres**tük** volna
(ti)	tanul**tatok** volna	keres**tetek** volna	tanul**tátok** volna	keres**tétek** volna
(ők)	tanul**tak** volna	keres**tek** volna	tanul**ták** volna	keres**ték** volna

Die Konjugation des Hilfsverbs *van/lesz* ‚sein/werden'

Tabelle 12

Person	**Indikativ**		**Konditional**		**Imperativ**
	Präsens	**Präteritum**	**Präsens**	**Präteritum**	
(én)	vagyok ‚ich bin'	voltam ‚ich war'	volnék lennék ‚ich wäre'	lettem volna ‚ich wäre gewesen'	legyek ‚ich soll sein'
(te)	vagy	voltál	volnál lennél	lettél volna	legyél
(ő)	van	volt	volna lenne	lett volna	legyen
(mi)	vagyunk	voltunk	volnánk lennénk	lettünk volna	legyünk
(ti)	vagytok	voltatok	volnátok lennétek	lettetek volna	legyetek
(ők)	vannak	voltak	volnának lennének	lettek volna	legyenek

In der 3. Person Singular und Plural fallen die Formen *van* und *vannak* weg, wenn die Hauptaussage des Satzes ein Substantiv, ein Adjektiv oder ein Pronomen ist, z.B.:

A film érdekes. ‚Der Film ist interessant.' Die Verbform *van/vannak* darf jedoch nicht weggelassen werden, wenn das Verb in der Bedeutung ‚etwas besitzen' verwendet wird.

Gerdának van testvére. ‚Gerda hat Geschwister.'
Dies gilt auch dann, wenn *van* oder *vannak* in der Bedeutung ‚aus etwas gemacht' vorkommen.
A székek fából vannak. ‚Die Stühle sind aus Holz.'

DER VERBZUSATZ
Verbzusätze modifizieren die Bedeutung des Verbs.
(1) Einerseits können sie dazu dienen, die Richtung der Handlung anzugeben:
*Gerda **be**ment a házba.* ‚Gerda ging ins Haus.'
*Később Gerda **ki**jött a házból.* ‚Später kam Gerda aus dem Haus.'
(2) Andererseits können sie auf den Anfang, das Ende bzw. die Abgeschlossenheit einer Handlung hindeuten:
*Gerda **el**mosolyodott.* ‚Gerda fing an zu lächeln.'
(≠ *Gerda mosolygott.* ‚Gerda lächelte.')
***Meg**ették a csokit.* ‚Sie haben die Schokolade aufgegessen.'
(≠ *Csokit ettek.* ‚Sie aßen Schokolade.')
(3) In einigen Fällen kann man jedoch die Bedeutung des Verbs mit Verbzusatz aus der Bedeutung der einzelnen Komponenten nicht ableiten.

2.2. Das Substantiv

Mit Hilfe von Substantiven bezeichnet man Lebewesen, Gegenstände oder Begriffe. Substantive spielen im Satzbau eine wichtige Rolle, sie können zahlreiche Funktionen im Satz erfüllen.

Die Pluralbildung

Nach Zahlenangaben benutzt man im Ungarischen nicht die Pluralform, sondern die Singularform des Substantivs (*három hónap* ‚drei Monate'). Die Pluralform der Substantive wird mit der Endung *-k* bzw. *-ok/-ek/-ök* gebildet. Das Pluralzeichen *-k* kommt in solchen Fällen vor, in denen das Wort auf einen Vokal endet, die Endungen *-ok/-ek/-ök* werden nach der Regel der Vokalharmonie gesetzt (s. oben). Es gibt eine besondere Gruppe, in der die Pluralform statt *-ok/-ek/-ök* mit *-ak/-ek* gebildet wird.

Endung	Singular	Plural	Bedeutung
-k	fiú	fiú**k**	‚Junge'
-ak	fog	fog**ak**	‚Zahn'
-ek	ember	ember**ek**	‚Mensch'
-ok	lány	lány**ok**	‚Mädchen'
-ök	sün	sün**ök**	‚Igel'

Die Bildung des Akkusativs, Dativs und Instrumentals

Der Akkusativ wird im Ungarischen mit der Endung *-t* gebildet, der Vorvokal ist hier auch schwankend: *-ot, -et, -öt, -at*. Die Dativformen werden mit der Endung *-nak/-nek* gebildet. Hier gilt auch die Regel der Vokalharmonie. Der Instrumental, mit dem das Mittel oder Werkzeug angegeben werden kann, wird mit Hilfe der Endung *-val/-vel* gebildet. In diesem Fall gleicht sich das *v* dem Auslautkonsonanten an (*füst* + ***vel*** = *füs**ttel*** ‚mit dem Rauch') (Tabelle 13).

Akkusativ: *Olvastam egy jó könyv**et**.* ‚Ich habe ein gutes Buch gelesen.'

Tabelle 13

Endung	Nominativ	Akkusativ	Dativ	Instrumental	Bedeutung
-t	fiú ‚Junge'	fiú**t** ‚den Jungen'	fiú**nak** ‚dem Jungen'	fiú**val** ‚mit dem Jungen'	‚Junge'
-ot	barát	barát**ot**	barát**nak**	barát**tal**	‚Freund'
-et	könyv	könyv**et**	könyv**nek**	könyv**vel**	‚Buch'
-öt	füst	füst**öt**	füst**nek**	füst**tel**	‚Rauch'
-at	hal	hal**at**	hal**nak**	hal**lal**	‚Fisch'

Dativ: *Gerda adott a barátjá**nak** egy puszit.* ‚Gerda gab ihrem Freund ein Küsschen.'
Instrumental: *Mit csinálsz a könyv**vel**?* ‚Was machst du mit dem Buch?'

Die Endungen in Orts- und Richtungsbestimmungen

Hová?	Wohin?	Hol?	Wo?	Honnan?	Woher?
-ba/-be	in+Akk.	-ban/-ben	in+Dat.	-ból/-ből	aus+Dat.
-ra/-re	auf+Akk.	-on/-en/ -ön	auf+Dat.	-ról/-ről	über+Akk. von+Dat.
-hoz/ -hez/-höz	zu+Dat.	-nál/-nél	bei+Dat.	-tól/-től	von+Dat.

***Hová** mész? – A könyvesbolt**ba** megyek.* ‚Wohin gehst du? – Ich gehe in die Buchhandlung.'
*Christoph **hol** él? – Ausztriá**ban** él.* ‚Wo lebt Christoph? – Er lebt in Österreich.'
***Honnan** jönnek? – Németország**ból** jönnek.* ‚Woher kommen sie? – Sie kommen aus Deutschland.'
Wenn ein Substantiv, das auf *a* oder *e* endet, eine Endung bekommt, wird das *a* zu *á* (a fa – a fát ‚der Baum – den Baum') und das *e* zu *é* (a kefe – a kefét ‚die Bürste – die Bürste'). Diese Regel gilt allerdings nicht ausnahmslos für alle Endungen.

Das possessive Personenzeichen

Possessive Personenzeichen drücken die Zahl und die Person des Besitzers aus (Tabelle 14).

Der Artikel

Ungarische Substantive haben kein grammatisches Geschlecht, im Ungarischen gibt es nur einen bestimmten Artikel *a/az*. Welche von den beiden Formen benutzt wird, hängt vom Anfangsbuchstaben des folgenden Wortes ab: ***az u**tazás* ‚die Reise' – ***a h**osszú utazás* ‚die lange Reise'. Der unbestimmte Artikel signalisiert Unbestimmtheit oder Unbekanntheit, er lautet im Ungarischen *egy* und ist einförmig (*egy ajándék* ‚ein Geschenk', *egy férfi* ‚ein Mann').

Tabelle 14

	csukló ‚Handgelenk'	láb ‚Fuß'	fej ‚Kopf'	kar ‚Arm'	bőr ‚Haut'
-m, -am, -em, -om, -öm	csukló**m** ‚mein Handgelenk'	láb**am**	fej**em**	kar**om**	bőr**öm**
-d, -ad, -ed, -od, -öd	csukló**d** ‚dein Handgelenk'	láb**ad**	fej**ed**	kar**od**	bőr**öd**
-a, -e, -ja, -je	csukló**ja** ‚sein/ihr Handgelenk'	láb**a**	fej**e**	kar**ja**	bőr**e**
-nk, -unk, -ünk	csukló**nk** ‚unser Handgelenk'	láb**unk**	fej**ünk**	kar**unk**	bőr**ünk**
-tok, -tek, -tök -atok, -etek, -otok, -ötök	csukló**tok** ‚euer Handgelenk'	láb**atok**	fej**etek**	kar**otok**	bőr**ötök**
-uk, -ük, -juk, -jük, -k	csukló**juk** ‚ihr Handgelenk'	láb**uk**	fej**ük**	kar**juk**	bőr**ük**

2.3. Das Pronomen

Das Personalpronomen

	Nominativ	Akkusativ	Dativ	Instrumental	mit dem Possessivzeichen
‚ich'	én ‚ich'	engem ‚mich'	nekem ‚mir'	velem ‚mit mir'	enyém ‚meiner/ meine/meins'
‚du'	te	téged	neked	veled	tiéd
‚er/sie/es'	ő	őt	neki	vele	övé
‚Sie' (Sg.)	ön, maga	önt, magát	önnek, magának	önnel, magával	öné, magáé
‚wir'	mi	minket	nekünk	velünk	miénk
‚ihr'	ti	titeket	nektek	veletek	tiétek
‚sie'	ők	őket	nekik	velük	övék
‚Sie' (Pl.)	önök, maguk	önöket, magukat	önöknek, maguknak	önökkel, magukkal	önöké, maguké

Das Demonstrativpronomen

Die wichtigsten Demonstrativpronomina sind *ez* ‚dies-' und *az* ‚jen-'. *Ez* bezieht sich auf nähere, *az* auf weiter entfernte Gegenstände oder Personen.

ez a könyv ‚dieses Buch' – *Ezt a könyvet már olvastam.* ‚Dieses Buch habe ich schon gelesen.

az a film ‚jener Film' – *Azt a filmet még nem láttam.* ‚Jenen Film habe ich noch nicht gesehen.'

Das Indefinitpronomen

Indefinitpronomina bezeichnen ein unbenanntes, nicht identizifizierbares Element einer Gruppe und werden aus den Fragepronomen (*ki, mi, milyen, melyik usw.*) mit dem Erstglied *vala-* gebildet (zu den Fragepronomina siehe Punkt 3.1. über Fragen).

vala-
valaki ‚jemand'
valami ‚etwas'
valamilyen ‚irgendein-'
valamelyik ‚ein-/irgendein-'
valahova ‚irgendwohin'
valahol ‚irgendwo'
valahonnan ‚irgendwoher'
valamikor ‚irgendwann'

Das allgemeine Pronomen

Das allgemeine Pronomen bezieht sich entweder auf die Gesamtheit der Elemente einer Gruppe oder auf die Elemente einzeln und wird mit dem Erstglied *mind-* gebildet. Die Formen mit Negativbedeutung haben das Erstglied *se(m)-*.

mind(en)-	*se(m)-*
mindenki ‚alle/jed-,	senki ‚niemand'
minden ‚alles'	semmi ‚nichts'
mindegyik ‚alle/jed-,	semelyik ‚kein-'
mindenféle ‚allerlei'	semmiféle/semmilyen ‚keinerlei'
mindenhová/ mindenhova ‚überall hin'	sehová/sehova ‚nirgends hin'
mindenhol/mindenütt ‚überall'	sehol ‚nirgends'
mindenhonnan ‚von überall her'	sehonnan ‚von nirgends her'
mindig ‚immer'	soha ‚nie'

2.4. Die Postposition

Postpositionen sind selbständige Wörter, die die Bedeutung des Nomens erweitern. Ein Teil der deutschen Präpositionen wird im Ungarischen mit Hilfe von Postpositionen ausgedrückt. Wie ihr Name darauf hinweist, stehen sie hinter dem Substantiv. Einige wichtige Postpositionen:

Wohin?	Wo?	Woher?	Bedeutung
elé	előtt	elől	,vor'
mögé	mögött	mögül	,hinter'
alá	alatt	alól	,unter'
fölé	fölött	fölül	,über'
mellé	mellett	mellől	,neben'
közé	között	közül	,zwischen'

Az ajtó előtt állt. ,Sie stand vor der Tür.'

2.5. Das Adjektiv

Adjektive sind Wörter, mit deren Hilfe Eigenschaften ausgedrückt werden können. Sie können physische, seelische etc. Eigenschaften oder die Zugehörigkeit von etwas bzw. das Verhältnis von Sachverhalten zu anderen Sachverhalten ausdrücken. Zu den Adjektiven gehören auch die Zahlen.

Adjektive können vor dem Substantiv stehen, das sie näher bestimmen. In diesem Fall bleiben sie unverändert, sie erhalten also keine Endungen.

Szép ajándékokat vettünk. ,Wir haben schöne Geschenke gekauft.'

Steht hinter ihnen jedoch kein Substantiv, müssen sie die entsprechende Endung erhalten.

*A gyerek kíváncsi. – A gyerek**ek** kíváncsi**ak**.* ,Das Kind ist neugierig. – Die Kinder sind neugierig.'

Die Steigerung der Adjektive

Die Steigerungszeichen dienen dazu, Eigenschaften, Zustände usw. miteinander zu vergleichen. Im Allgemeinen können nur solche Adjektive gesteigert werden, die eine relative Eigenschaft ausdrücken. Ihre Komparativform wird mit *-bb/-abb/-ebb* gebildet, ihre Superlativform mit *leg-* und *-bb/-abb/-ebb*. In der folgenden Tabelle finden sich einige regelmäßige und einige unregelmäßige Komparativformen.

Adjektiv (Positiv)	Komparativ -bb/-abb/-ebb	Superlativ leg- ... -bb/-abb/-ebb	Bedeutung
olcsó	olcsó**bb**	(a) **leg**olcsó**bb**	,preiswert'
fiatal	fiatal**abb**	(a) **leg**fiatal**abb**	,jung'
idős	idős**ebb**	(a) **leg**idős**ebb**	,alt'
jó	jo**bb**	(a) **legjobb**	,gut'
sok	**több**	(a) **legtöbb**	,viel'
szép	**szebb**	(a) **legszebb**	,schön'
kicsi/kis	kis**ebb**	(a) **leg**kis**ebb**	,klein'
nagy	nagy**obb**	(a) **leg**nagy**obb**	,groß'

Vor den Superlativformen steht immer der Definitartikel *a*.

2.6. Das Adverb

Aus den Adjektiven können Adverbien mit der Endung *-an/-en* oder *-ul/-ül* gebildet werden.

*A vonat gyors**an** ment.* ,Der Zug fuhr schnell.'

Hier gibt es auch einige Ausnahmen, z.B. *jó – jól* ,gut'.

*Martin **jól** beszél magyarul.* ,Martin kann gut Ungarisch.'

Ähnlich wie Adjektive können sie gesteigert werden:

*A vonat gyorsabb**an** odaért, mint a busz.* ,Der Zug war schneller da als der Bus.'

3. Konstruktionen und Sätze

3.1. Die Frage

Ergänzungsfragen werden mit einem Fragepronomen gebildet.

Melyik filmet láttad? ,Welchen Film hast du gesehen?'

Ki jön velünk? ,Wer kommt mit?'

Die Konstruktion mit dem Fragepronomen steht unmittelbar vor dem konjugierten Verb. Darunter bildet nur das Fragepronomen *miért* ,warum' eine Ausnahme.

Hová mentetek tegnap? ‚Wohin seid ihr gestern gegangen?'
Miért ezt a filmet választottad? ‚Warum hast du diesen Film ausgesucht?'
Die wichtigsten Fragepronomina sind die folgenden:

Ki jön velünk?	‚Wer kommt mit?'
Mi a neved?	‚Was ist dein Name?'
Hol születtél?	‚Wo bist du geboren?'
Hová mennek?	‚Wohin gehen sie?'
Hogy hívják?	‚Wie heißt er/sie?'
Hány óra van?	‚Wie viel Uhr ist es?'
Mikor van Christoph szülinapja?	‚Wann hat Christoph Geburtstag?'
Miért nem jössz?	‚Warum kommst du nicht?'
Melyik táska könnyebb?	‚Welche Tasche ist leichter?'
Milyen nap van ma?	‚Was für einen Tag haben wir heute?'

Entscheidungsfragen unterscheiden sich in ihrer grammatischen Struktur von den Aussagesätzen nicht, aber die Intonation, die Satzmelodie ist unterschiedlich.
Gerda tegnap elutazott. ‚Gerda ist gestern verreist.'
Gerda tegnap elutazott? ‚Ist Gerda gestern verreist?'

Die Verneinung
Verneinungen werden mit dem Wort *nem* ‚nein/nicht' gebildet. *Nem* steht meistens vor dem Wort, das verneint werden soll. In neutralen Sätzen steht *nem* vor dem konjugierten Verb, auf das sich die Verneinung bezieht.
Láttam ezt a filmet. ‚Ich habe diesen Film gesehen.'
Nem *láttam ezt a filmet.* ‚Ich habe diesen Film nicht gesehen.'
Im Imperativ wird statt *nem* immer *ne* verwendet:
Ne *tedd ezt velem!* ‚Tu mir das nicht an!'
Wenn das Verb *van* in der Bedeutung ‚haben, besitzen' verneint wird, wird es in der 3. Person Singular und Plural zu *nincs* und *nincsenek*.
Nincs itthon./Nincsenek itthon. ‚Er/Sie ist nicht zu Hause./Sie sind nicht zu Hause.'
Im Ungarischen existiert mit den verneinenden Indefinitpronomen *senki* ‚niemand', *semmi* ‚nichts' usw. die doppelte Verneinung:
Engem ***senki nem*** *kérdezett meg.* ‚Mich hat niemand gefragt.'

Zu weiteren Fragen vgl.:
Keszler, Borbála / Lengyel, Klára (2008): Ungarische Grammatik. Hamburg: Buske.
Törkenczy, Miklós (2008): Ungarische Grammatik. Budapest: Corvina.

Sätze und Ausdrücke

Im illustrierten Teil des Bildwörterbuchs sind zahlreiche Alltagssituationen dargestellt, in denen bestimmte Ausdrücke immer wieder auftauchen können. Die wichtigsten von diesen werden im Folgenden aufgelistet und gegebenenfalls kurz kommentiert.

Seite 4

– *Szia!* Dieser Ausdruck bedeutet sowohl ‚Hallo!' als auch ‚Tschüss!', kann aber nur unter familiären Umständen, also ausschließlich unter Menschen verwendet werden, die sich duzen. Wenn man mehrere Menschen begrüßen will, sagt man *Sziasztok!* Ähnliche Ausdrücke sind noch *Helló!* oder *Szevasz!/Szevasztok!*. In einer formellen Situation wird hingegen der Tageszeit entsprechend mit *Jó reggelt!* ‚Guten Morgen!', *Jó napot!* ‚Guten Tag!' oder *Jó estét!* ‚Guten Abend!' gegrüßt.
– *Viszontlátásra!* Der Ausdruck bedeutet *Auf Wiedersehen!* und wird unter formellen Umständen benutzt. Vor allem in der Umgangssprache erscheint er in der Kurzform *Viszlát!* ‚Wiedersehen'.
– *Hogy vagy?/Hogy van?* Die Ausdrücke bedeuten ‚Wie geht's Dir?/Wie geht's Ihnen?'. Wenn man mit einem Menschen spricht, den man siezt, benutzt man die 3. Person Singular des Verbs *Hogy van?* ‚Wie geht es Ihnen?'. Wenn man mehrere Menschen anspricht, benutzt man die 3. Person Plural des Verbs. *Hogy vannak?* ‚Wie geht es Ihnen?'
Die Antwort lautet z.B.: *Köszönöm, jól.* ‚Danke, gut.' oder *Megvagyok.* ‚Es geht.'
Eine Gegenfrage formuliert man folgendermaßen: *És te?* ‚Und dir?, wortwörtlich 'Und du?' oder formell *És ön?* ‚Und Ihnen?', wortwörtlich ‚Und Sie?'.

Seite 5

– *Hogy hívnak?* Wortwörtlich bedeutet der Ausdruck ‚Wie nennen sie (nennt man) dich?'. Als Antwort auf die Frage soll man den Namen sagen und das Verb *vagyok* ‚ich bin' hinzufügen. Man kann aber auch den Ausdruck *A nevem Christoph.* ‚Mein Name ist Christoph.' benutzen. Bitte nicht vergessen, dass im Ungarischen immer zuerst der Nachname genannt wird.
– *Hány éves vagy?* ‚Wie alt bist du?' Als Antwort kann einfach die Zahl (z.B. *húsz* ‚zwanzig') dienen.

Seite 18

– *Vigyázz, a kutya harap!* ‚Vorsicht, bissiger Hund!' Wortwörtlich kann der Ausdruck wie folgt übersetzt werden: ‚Pass auf, der Hund beißt!' Zu der Bildung der Imperativformen siehe die Kurzgrammatik.

Seite 26

– *Jó étvágyat (kívánok)!* ‚Guten Appetit (wünsche ich)!'
– *Ez nagyon finom!* ‚Das schmeckt sehr gut!'

Seite 37

– *Mit parancsol?* ‚Was hätten Sie gerne?'. Als Antwort soll man die Getränke und Speisen nennen, die man gerne haben möchte (alles in Akkusativ) und das Verb *kérek* ‚ich möchte' hinzufügen, z.B.: *Egy kávét és egy narancslevet kérek.* ‚Ich möchte einen Kaffee und einen Orangensaft.'

Seite 43

– *Mennyivel tartozom?* ‚Wie viel macht das?' wortwörtlich ‚Wie viel schulde ich (Ihnen)?'.
– *Az annyi, mint ... forint./... forint lesz.* ‚Das macht ... forint./... forint bitte.'

Seite 44

– *Mivel szolgálhatok?* ‚Womit kann ich dienen?' – *Szeretnék egy inget.* ‚Ich möchte ein Hemd.'
– *Ez mekkora méret?* ‚Welche Größe ist das?'
– *Mennyibe kerül?* ‚Wie viel kostet das?' – ... *forintba kerül.* ‚Das kostet ... forint.'

Seite 48

– *Hallo! Kivel beszélek?* ‚Hallo! Wer spricht da? – *Tímea vagyok.* ‚Hier spricht Tímea.' Wenn ein Telefongespräch zu Ende ist, sagt man in einer formellen Situation *Viszonthallásra.* ‚Wiederhören.'

Seite 50

Merre van az állomás? ‚Wo/In welcher Richtung ist der Bahnhof?'

Messze van innen az állomás? ‚Ist der Bahnhof weit entfert von hier?'

Seite 52

Parkolni tilos! ‚Parken verboten.' Mit dem Wort *tilos* werden immer Verbote formuliert, z.B. *Behajtani tilos!* ‚Einfahrt verboten.', *Dohányozni tilos!/Tilos a dohányzás!* ‚Rauchen verboten.' usw.

Seite 68

Auf die Frage *Hogy érzi magát?* ‚Wie fühlen Sie sich?' kann man folgende Antworten geben: *Jól.* ‚Gut.' oder *Rosszul (érzem magam).* ‚(Ich fühle mich) schlecht.' bzw. *Jobban érzem magam.* ‚Ich fühle mich besser.'.

Seite 83

– *Mennyi az idő?/Hány óra?* ‚Wie spät ist es?'

Im formellen Sprachgebrauch benutzt man die folgenden Konstruktionen:

11.15 – *tizenegy óra tizenöt perc* (11 Uhr 15 Minuten)

11.30 – *tizenegy óra harminc perc* (11 Uhr 30 Minuten)

11.45 – *tizenegy óra negyvenöt perc* (11 Uhr 45 Minuten)

12.00 – *tizenkét óra* (12 Uhr)

In der Umgangssprache kann man sich nach der nächsten vollen Stunde richten:

11.15 – *negyed 12,* wortwörtlich ‚Viertel 12'

11.30 – *fél 12* ‚halb 12'

11.45 – *háromnegyed 12,* wortwörtlich ‚Dreiviertel 12'

12.00 – *dél/éjfél* ‚Mittag/Mitternacht'

Zeitangaben werden mit der Endung *-kor* gebildet:

*Mi**kor** érkezik a vonat?* ‚Wann kommt der Zug an?' – *16.40-**kor**.* ‚Um 16.40.'

Deutsch–ungarisches Vokabular

Das Vokabular enthält alle Wörter und Wendungen, die im Bildwörterbuch vorkommen. Ausdrücke oder Wendungen mit demselben Schlüsselwort werden unter dem Schlüsselwort aufgelistet, Ausdrücke in Form von ganzen Sätzen findet man unter dem Anfangsbuchstaben des Satzes.
Die Verben stehen in der 3. Person Singular, danach werden in Klammern folgende Formen angegeben: (1) Die Imperativendung oder Imperativform 2. Person Singular und (2) die Infinitivform, wenn sich der Stamm verändert.
Beispiel: *eszik (egyél, enni)* = eszik ‚er isst', egyél ‚iss!', enni ‚essen'.
Bitte beachten, dass die Endung *-ik* in den anderen Verbformen wegfällt.
Bei den Substantiven werden folgende Formen angegeben: (1) Akkusativ, (2) Pluralform und (3) Besitzerzeichen (possessives Personenzeichen). Bei den Substantiven, die auf einen Vokal enden, benutzt man meistens die Endungen *-t* (Akkusativ), *-k* (Plural) und *-ja/-je* (Besitzerzeichen). Wenn der letzte Laut ein *a* oder *e* ist, wird er immer zu einem *á* oder *é*. Diese Veränderung vollzieht sich automatisch und wird im Wörterbuch nicht vermerkt.
Beispiel: *fa (-t, -k, -ja)* = fa ‚Baum', fát ‚den Baum', fák ‚Bäume', fája ‚sein/ihr Baum'.
Es gibt Substantive, deren Stamm sich verändert, wenn sie eine Endung bekommen. In diesen Fällen werden nicht nur die Endungen angegeben, sondern auch die Formvariante des Stammes.
Beispiel: *bokor (bokr-ot, bokr-ok, bokr-a)* = bokor ‚Busch', bokr-ot ‚den Busch', bokr-ok ‚die Büsche', bokr-a ‚sein/ihr Busch'.

A

Abend, der	**este (-t, -k, -je)**
Abendessen, das	**vacsora (-t, -k, -ja)**
Abflug, der	**indulás (-t, -ok, -a)**
Abgeordnete, die	**képviselőnő (-t, -k, -je)**
Abteilung, die	**osztály (-t, -ok, -a)**
abtrocknen	**törölget (törölgess)**
s. abtrocknen	**törülközik (törülközz, törülközni)**
abwaschen	**elmosogat (mosogass el)**
acht	**nyolc**
acht Uhr abends	**este nyolc**
acht Uhr morgens	**reggel nyolc**
achtzehn	**tizennyolc**
achtzig	**nyolcvan**
addieren	**összead (adj össze)**
Adler, der	**sas (-t, -ok, -a)**
Adresse, die	**cím (-et, -ek, -e)**
Affe, die	**majom (majm-ot, -ok, -a)**
Afrika	**Afrika (-t, -k, -ja)**
albern	**idétlen**
allein	**egyedül**
Alles Gute!	**Minden jót!**
Alphabet, das	**ábécé (-t, -k, -je)**
alt	**öreg, régi**
Alter, das	**kor, öregkor (-t, -ok, -a)**
älter als	**idősebb, mint**
altmodisch	**régimódi**
Ampel, die	**jelzőlámpa (-t, -k, -ja)**
Amsel, die	**feketerigó (-t, -k, -ja)**
Anfang des Schulhalbjahres	**félév (-et, -ek, -e) kezdete**
Angelhaken, der	**horog (horg-ot, -ok, -a)**
angeln/zum Angeln gehen	**horgászik (horgássz, horgászni)**
Angelrute, die	**horgászbot (-ot, -ok, -ja)**
Angestellte, der/die	**alkalmazott (-at, -ak, -ja)**
ängstlich	**félénk**
Anhänger, der	**címke (-t, -k, -je)**
Anker, der	**horgony (-t, -ok, -a)**
Ankunft, die	**érkezés (-t, -ek, -e)**
Ansichtskarte, die	**képeslap (-ot, -ok, -ja)**
eine Ansichtskarte schicken	**képeslapot küld (-j)**

anstehen	**sorba áll**
s. anziehen	**felöltözik (öltözz fel, felöltözni)**
Apfel, der	**alma (-t, -k, -ja)**
Apfelbaum, der	**almafa (-t, -k, -ja)**
Apfelsine, die	**narancs (-ot, -ok, -a)**
Aprikose, die	**sárgabarack (-ot, -ok, -ja)**
April	**április (-t, -ok, -a)**
Äquator, der	**Egyenlítő (-t)**
Arbeit, die	**munka (-t, -k, -ja)**
zur Arbeit gehen	**munkába megy (menj)**
arbeiten	**dolgozik (dolgozz, dolgozni)**
Arbeitslosigkeit, die	**munkanélküliség (-et, -e)**
Architekt, der	**építész (-t, -ek, -e)**
Arm, der	**kar (-t, -ok, -ja)**
Armband, das	**karkötő (-t, -k, -je)**
Armbanduhr, die	**karóra (-t, -k, -ja)**
artig	**szófogadó**
Artikel, der	**újságcikk (-et, -ek, -e)**
Arzt, der/Ärztin, die	**orvos (-t, -ok, -a)**
Ast, der	**ág (-at, -ak, -a)**
Atlantik, der	**Atlanti-óceán (-t)**
auf	**-ra, -re, -on, -en, -ön**
Auf Wiedersehen!	**Viszontlátásra!**
aufgeben	**felad (-j)**
aufheben	**felvesz (vegyél fel, felvenni)**
auflegen	**leteszi a telefont**
aufpassen auf	**vigyáz (vigyázz) valakire**
aufräumen	**rendet rak**
aufschlagen	**adogat (adogass)**
aufstehen	**feláll (-j), felkel (-j)**
auftreten	**fellép (-j)**
aufwachen	**felébred (-j)**
aufziehen	**felnevel (-j)**
Aufzug, der	**lift (-et, -ek, -je)**
Auge, das	**szem (-et, -ek, -e)**
s. die Augen reiben	**dörzsöli a szemét (-j)**
August	**augusztus (-t, -ok, -a)**
aus	**-ból, -ből**
aus Baumwolle	**pamut-**
aus Gold	**arany-**
aus Holz	**fa-**
aus Metall	**fém-**
aus Plastik	**műanyag-**
aus Silber	**ezüst-**
aus Wolle	**gyapjú-**
Ausgang, der	**kijárat (-ot, -ok, -a)**
ausladen	**kirakodik (-j)**
s. ausruhen	**pihen (-j)**
ausrutschen	**elcsúszik (csússz el, elcsúszni)**
ausschalten	**leolt (olts le, leoltani)**
Aussicht, die	**kilátás (-t, -ok, -a)**
aussteigen	**leszáll (-j)**
Ausstellung, die	**kiállítás (-t, -ok, -a)**
austeilen	**kézbesít (-s, -eni)**
Australien	**Ausztrália (-t)**
ausziehen	**kiköltözik (költözz ki, kiköltözni)**
s. ausziehen	**levetkőzik (vetkőzz le, levetkőzni)**
Auto, das	**autó (-t, -k, -ja)**
Autobahn, die	**autópálya (-t, -k, -ja)**
Automechaniker, der	**autószerelő (-t, -k, -je)**
Autorennen, das	**autóverseny (-t, -ek, -e)**

B

Baby, das	**kisbaba (-t, -k, -ja)**
Bach, der	**patak (-ot, -ok, -ja)**
Backe, die	**orca (-t, -k, -ja)**
Bäcker, der	**pék (-et, -ek, -je)**
Backofen, der	**sütő (-t, -k, -je)**
Bad, das	**fürdő (-t, -k, -je)**
ein Bad nehmen	**(meg)fürdik (füródj, fürödni)**
Bademantel, der	**fürdőköpeny (-t, -ek, -e)**
Badematte, die	**fürdőszobaszőnyeg (-et, -ek, -e)**
Badewanne, die	**fürdőkád (-at, -ak, -ja)**
Badewasser einlaufen lassen	**fürdővizet enged (-j)**
Badezimmer, das	**fürdőszoba (-t, -k, -ja)**
Bahnhof, der	**pályaudvar (-t, -ok, -a)**
Bahnsteig, der	**peron (-t, -ok, -ja)**
Bahnsteigkarte, die	**peronjegy (-et, -ek, -e)**
Bahre, die	**hordágy (-at, -ak, -a)**
Balkon, der	**erkély (-t, -ek, -e)**
mit Balkon	**erkéllyel**
Ball, der	**labda (-t, -k, -ja)**
Ballett, das	**balett (-et, -ek, -je)**
Balletttänzer, der	**balett-táncos (-t, -ok, -a)**
Banane, die	**banán (-t, -ok, -ja)**
Bank, die	**bank (-ot, -ok, -ja)**
Banknote, die	**bankjegy (-et, -ek, -e)**
barfuß gehen	**mezítláb megy**
Bart, der	**szakáll (-at, -ak, -a)**
einen Bart haben	**szakállas**
Bauch, der	**has (-at, -ak, -a)**
Bauchweh haben	**fáj a hasa**
bauen	**épít (-s, -eni)**
Bauer, der	**paraszt (-ot, -ok, -ja)**
Bäuerin, die	**parasztasszony (-t, -ok, -a)**
Bauernhaus, das	**parasztház (-at, -ak, -a)**
Bauernhof, der	**gazdaság (-ot, -ok, -a)**
Baum, der	**fa (-t, -k, -ja)**
auf einen Baum klettern	**fára mászik**
s. bedanken	**megköszön (köszönj meg)**

s. beeilen	**siet (siess)**
Beerdigung, die	**temetés (-t, -ek, -e)**
Beigefügt finden Sie ...	**Mellékelten küldöm ...**
Bein, das	**láb (-at, -ak, -a)**
s. das Bein brechen	**eltöri a lábát (-j)**
bekommen	**kap (-j)**
belebt	**forgalmas**
belegt	**megtelt**
Belgien	**Belgium (-ot)**
beliebt	**népszerű**
bellen	**ugat (ugass)**
Benzin, das	**benzin (-t, -ek, -je)**
Berg, der	**hegy (-et, -ek, -e)**
Bergsteiger, der	**hegymászó (-t, -k, -ja)**
zum Bergsteigen gehen	**hegyet mászik (mássz)**
Berliner/Pfannkuchen	**fánk (-ot, -ok, -ja)**
Beruf, der	**foglalkozás (-t, -ok, -a)**
berühmt	**híres**
berühren	**érint (-s, -eni)**
Besatzung, die	**személyzet (-et, -e)**
beschäftigt	**elfoglalt**
besichtigen	**megtekint (tekints meg, -eni)**
bestehen (die Prüfung)	**átmegy (a vizsgán)**
bestellen	**rendel (-j)**
Bett, das	**ágy (-at, -ak, -a)**
ins Bett gehen	**ágyba bújik (-j)**
Bettlaken, das	**lepedő (-t, -k, -je)**
BH, der	**melltartó (-t, -k, -ja)**
Biene, die	**méh (-et, -ek, -e)**
Bier, das	**sör (-t, -ök, -e)**
Bilderbuch, das	**képeskönyv (-et, -ek, -e)**
Biologie	**biológia (-t, -k, -ja)**
Birne, die	**körte (-t, -k, -je)**
Bis bald!	**A közeli viszontlátásra!**
Bitte den Sicherheitsgurt anlegen!	**Kérjük, csatolják be a biztonsági öveket!**
blass	**halvány**
Blatt, das	**levél (level-et, -ek, -e)**
blau	**kék**
Bleistift, der	**ceruza (-t, -k, -ja)**
Blinker, der	**irányjelző (-t, -k, -je)**
Blitz, der	**villám (-ot, -ok, -a)**
blonde Haare haben	**szőke haja van**
Blumen pflücken	**virágot szed (-j)**
Blumenbeet, das	**virágágyás (-t, -ok, -a)**
Blumengeschäft, das	**virágüzlet**
Blumenkohl, der	**karfiol (-t, -ok, -ja)**
Blumensamen, der	**virágmag (-ot, -ok, -ja)**
Blumenstrauß, der	**virágcsokor (csokr-ot, -ok, -ok, -a)**
Blumenzwiebel, die	**virághagyma (-t, -k, -ja)**
Bluse, die	**blúz (-t, -ok, -a)**
Bluterguss, der	**véraláfutás (-t, -ok, -a)**
Bohnen, die	**bab (-ot, -ok, -ja)**
Boutique, die	**butik (-ot, -ok, -ja)**
böse	**mérges**
Braten, der	**pecsenye (-t, -k, -je)**
braun	**barna**
braune Haare	**barna haj (-at, -ak, -a)**
Braut, die	**menyasszony (-t, -ok, -a)**
Bräutigam, der	**vőlegény (-t, -ek, -e)**
breit	**széles**
Breite, die	**szélesség (-et, -ek, -e)**
bremsen	**fékez (fékezz)**
Brettspiel, das	**társasjáték (-ot, -ok, -a)**
Brief, der	**levél (level-et, -ek, -e)**
einen Brief öffnen	**felbontja a levelet**
einen Brief schreiben	**levelet ír**
Briefkasten, der	**postaláda**
Briefmarke, die	**bélyeg (-et, -ek, -e)**
Briefmarken sammeln	**bélyeget gyűjt**
Brieftasche, die	**levéltárca (-t, -k, -ja)**
Briefträger, der	**postás (-t, -ok, -a)**
Brille, die	**szemüveg (-et, -ek, -e)**
eine Brille tragen	**szemüveges**
bringen	**(oda)visz (vigyél, vinni)**
Brosche, die	**melltű (-t, -k, -je)**
Brot, das	**kenyér (kenyer-et, -ek, -e)**
Brötchen, das	**zsemle (-t, -k, -je)**
Bruch, der	**törtszám (-ot, -ok, -a)**
Bruder, der	**fiútestvér (-t, -ek, -e)**
Brust, die	**mell (-et, -ek, -e)**
brustschwimmen	**mellúszik (ússzon, úszni)**
Brücke, die	**híd (hidat, hidak, hídja)**
brüllen	**bömböl (-j)**
Buch, das	**könyv (-et, -ek, -e)**
ein Buch lesen	**könyvet olvas**
Bücherei, die	**könyvtár (-at, -ak, -a)**
Buchladen, der	**könyvesbolt (-ot, -ok, -ja)**
Buchstabe, der	**betű (-t, -k, -je)**
bügeln	**vasal (-j)**
Bühne, die	**színpad (-ot, -ok, -a)**
Bühnenbild, das	**díszlet (-et, -ek, -e)**
Bullauge, das	**hajóablak (-ot, -ok, -a)**
bunt	**tarka**
Buntstift, der	**színes ceruza (-t, -k, -ja)**
Bürgersteig, der	**járda (-t, -k, -ja)**
Büro, das	**iroda (-t, -k, -ja)**
Bürogebäude, das	**irodaépület (-et, -ek, -e)**
Bus, der	**busz (-t, -ok, -a)**
mit dem Bus fahren	**busszal megy**
Busch, der	**bokor (bokr-ot, -ok, -a)**
Bushaltestelle, die	**buszmegálló (-t, -k, -ja)**
Butter, die	**vaj (-at, -ak, -a)**
Butterblume, die	**boglárka (-t, -k, -ja)**

C

Campingplatz, der	**kemping (-et, -ek, -je)**
Cello spielen	**csellózik (csellózni)**

Check-in, der	**utasfelvétel (-t, -ek, -e)**
Chefin, die	**főnöknő (-t, -k, -je)**
Chemie	**kémia (-t, -ja)**
China	**Kína (-t)**
Chirurg, der	**sebész (-t, -ek, -e)**
Chor, der	**kórus (-t, -ok, -a)**
Comics, die	**képregény (-t, -ek, -e)**
Computer, der	**számítógép (-et, -ek, -e)**

D

Dach, das	**tető (-t, -k, teteje)**
Dachboden, der	**padlás (-t, -ok, -a)**
Dahlie, die	**dália (-t, -k, -ja)**
damals	**akkor**
Dame spielen	**dámát játszik**
Danke schön.	**Köszönöm szépen!**
Danke, gut.	**Köszönöm, jól.**
Das Essen ist fertig.	**Kész az étel.**
Das ist preiswert.	**Ez olcsó.**
Das ist teuer.	**Ez drága.**
Das kostet …	**Ez ...-ba/...-be kerül.**
Das macht …	**Az annyi, mint …**
Das meine ich auch.	**Szerintem is.**
Das schmeckt sehr gut!	**Ez nagyon finom!**
Datum, das	**dátum (-ot, -ok, -a)**
Daumen, der	**hüvelykujj (-at, -ak, -a)**
Deck, das	**fedélzet (-et, -ek, -e)**
demokratisch	**demokratikus**
der erste Januar	**január elseje**
der fünfte	**ötödike**
Der Service ist nicht ingebriffen.	**Felszolgálási díj nélkül.**
Designer/in, der/die	**formatervező (-t, -k, -je)**
Dessert, das	**édesség (-et, -ek, -e)**
deutsch	**német**
Deutsch	**német nyelv (-et, -ek, -e)**
Deutschland	**Németország (-ot, -a)**
Dezember	**december (-t, -ek, -e)**
dick	**kövér**
Die Sonne scheint.	**Süt a nap.**
Dienstag, der	**kedd (-et, -ek, -je)**
Dienstag, der 2. Juni	**június 2-a, kedd**
Direktor/in, der/die	**igazgató/nő**
Dirigent, der	**karmester (-t, -ek, -e)**
Disko, die	**diszkó (-t, -k, -ja)**
in die Disko gehen	**diszkóba megy (menj, menni)**
dividieren	**eloszt (oszd el)**
DJ, der	**DJ (-t, -k, -je)**
Dock, das	**dokk (-ot, -ok, -ja)**
Dom, der	**székesegyház (-at, -ak, -a)**
Donner, der	**mennydörgés (-t, -ek, -e)**
Donnerstag, der	**csütörtök (-öt, -ök, -je)**
Doppelzimmer, das	**kétágyas szoba (-t, -k, -ja)**
Dorf, das	**falu (falv-at, -ak, -a)**
Dose, die	**doboz (-t, -ok, -a)**
drei	**három**
Dreieck, das	**háromszög (-et, -ek, -e)**
dreißig	**harminc**
dreiunddreißig	**harminchárom**
dreiundzwanzig	**huszonhárom**
Dreiviertel	**háromnegyed**
dreizehn	**tizenhárom**
Dringend stop sofort zu Hause anrufen stop	**sürgős ügyben stop azonnal hívj fel otthon stop**
Drittel, das	**harmad (-ot, -ok, -a)**
Drogerie, die	**illatszerbolt (-ot, -ok, -ja)**
Drossel, die	**rigó (-t, -k, -ja)**
drücken	**tol (-j), nyom (-j)**
Dschungel, der	**dzsungel (-t, -ek, -e)**
duftend	**illatos**
dunkel	**sötét**
dunkelblau	**sötétkék**
dünn	**sovány**
durch	**át, keresztül**
durchfallen	**megbukik (-j, megbukni)**
Durst haben	**szomjas**
Dusche, die	**zuhany (-t, -ok, -a)**
mit Dusche	**zuhannyal**
duschen	**zuhanyozik (zuhanyozz, zuhanyozni)**
Duty-free-Shop, der	**vámmentes üzlet (-et, -ek, -e)**
DVD-Player, der	**DVD-lejátszó (-t, - k, -ja)**

E

Ecke, die	**sarok (sark-ot, -ok, -a)**
Ehe, die	**házasság (-ot, -ok, -a)**
Ehefrau, die	**feleség (-et, -ek, -e)**
Ehemann, der	**férj (-et, -ek, -e)**
Ehering, der	**jegygyűrű (-t, -k, -je)**
Eiche, die	**tölgyfa (-t, -k, -ja)**
Eichhörnchen, das	**mókus (-t, -ok, -a)**
Ei, das	**tojás (-t, -ok, -a)**
Eier legen	**tojik (-j, tojni)**
Eigentümerin, die	**tulajdonosnő (-t, -k, -je)**
Eimer, der	**vödör (vödr-öt, -ök, -e)**
Einbahnstraße, die	**egyirányú utca (-t, -k, -ja)**
einfach	**egyszerű**
Einfahrt verboten	**Behajtani tilos**
Eingang, der	**bejárat (-ot, -ok, -a)**
einkaufen gehen	**bevásárol (-j)**
Einkaufskorb, der	**bevásárlókosár (kosar-at, -ak, -a)**
Einkaufstasche, die	**bevásárlószatyor (szatyr-ot, -ok, -a)**
Einkaufswagen, der	**bevásárlókocsi (-t, -k, -ja)**

einkleben	**beragaszt (ragassz be, beragasztani)**
einladen	**meghív (-j)**
eins	**egy**
einschlafen	**elalszik (aludj el, elaludni)**
einsteigen	**felszáll (-j), beszáll (-j)**
einstellen	**felvesz (vegyél fel, felvenni)**
einunddreißig	**harmincegy**
einundzwanzig	**huszonegy**
Einzelkind, das	**egyke (-t, -k, -je)**
Einzelzimmer, das	**egyágyas szoba (-t, -k, -ja)**
einziehen	**beköltözik (költözz be, beköltözni)**
Eis, das	**fagylalt (-ot, -ok, -ja)**
Eisbär, der	**jegesmedve (-t, -k, -je)**
Eisenbahn, die	**vasút (vasutat, vasutak, vasútja)**
Eiszapfen, der	**jégcsap (-ot, -ok, -ja)**
Elefant, der	**elefánt (-ot, -ok, -ja)**
elf	**tizenegy**
Ellbogen, der	**könyök (-öt, -ök, -e)**
Eltern, die	**szülők (-et)**
Empfang, der	**recepció (-t, -k, -ja)**
Ende des Schulhalbjahres	**a félév vége**
eng	**szűk**
Englisch	**angol nyelv (-et, -e)**
Enkel, der	**(fiú)unoka (-t, -k, -ja)**
Enkelin, die	**(lány)unoka (-t, -k, -ja)**
Ente, die	**kacsa (-t, -k, -ja)**
entlassen	**elbocsát (bocsáss el, elbocsátani)**
Er heißt ...	**Ő ...**
Erbse, die	**borsó (-t, -k, -ja)**
Erdbeere, die	**eper (epr-et, -ek, -e)**
Erde, die	**föld (-et, -ek, -je)**
Erdgeschoss, das	**földszint (-et, -ek, -je)**
Erdkunde	**földrajz (-ot, -a)**
Erkältung, die	**megfázás (-t, -ok, -a)**
eine Erkältung haben	**meg van fázva**
ernten	**arat (arass)**
erste Klasse	**első osztály (-t, -ok, -a)**
Es ist drei Uhr.	**Három óra van.**
Es ist dunkel.	**Sötét van.**
Es ist ein Uhr.	**Egy óra van.**
Es ist ganz toll hier.	**Remek ez a hely.**
Es ist hell.	**Világos van.**
Es ist kalt.	**Hideg van.**
Es ist neblig.	**Köd van.**
Es ist schön.	**Szép idő van.**
Es ist windig.	**Fúj a szél.**
Es regnet.	**Esik az eső.**
Es schneit.	**Esik a hó.**

Es wird dunkel.	**Sötétedik.**
Es wird hell.	**Virrad.**
Esel, der	**szamár (szamar-at, -ak, -a)**
essen	**eszik (egyél, enni)**
Essig, der	**ecet (-et, -ek, -e)**
Esszimmer, das	**ebédlő (-t, -k, -je)**
Etui, das	**tolltartó (-t, -k, -ja)**
Eule, die	**bagoly (bagly-ot, -ok, -a)**
Europa	**Európa (-t, -ja)**

F

Fabrik, die	**gyár (-at, -ak, -a)**
Fach, das	**tantárgy (-at, -ak, -a)**
Faden, der	**cérna (-t, -k, -ja)**
Fähre, die	**komp (-ot, -ok, -ja)**
fahren	**vezet (vezess), utazik (utazz)**
Fahrer, der	**vezető (-t, -k, -je)**
Fahrkarte, die	**menetjegy (-et, -ek, -e)**
Fahrkartenautomat, der	**jegyautomata (-t, -k, -ja)**
Fahrkartenschalter, der	**jegypénztár (-t, -ak, -a)**
Fahrplan, der	**menetrend (-et, -ek, -je)**
Fahrpreis, der	**viteldíj (-at, -ak, -a)**
Fahrrad, das	**kerékpár (-t, -ok, -ja)**
mit dem Fahrrad fahren	**kerékpározik (kerékpározz, kerékpározni)**
fallen lassen	**elejt (ejts el, elejteni)**
falsch	**hamis**
falsch singen	**hamisan énekel**
Familie, die	**család (-ot, -ok, -ja)**
fangen	**megfog (-j)**
Farbe, die	**festék (-et, -ek, -e), szín (-t, -ek, -e)**
faul	**lusta**
Februar	**február (-t, -ok, -ja)**
Feder, die	**toll (-at, -ak, -a)**
Federbett, das	**paplan (-t, -ok, -ja)**
feiern	**ünnepel (-j)**
Feinkostgeschäft, das	**csemegeüzlet (-et, -ek, -e)**
Feld, das	**mező (-t, -k, -je)**
Fell, das	**bunda (-t, -k, -ja)**
Felsen, der	**szikla (-t, -k, -ja)**
Fenster, das	**ablak (-ot, -ok, -a)**
Fernrohr, das	**távcső (-t, -k, -je)**
fernsehen	**tévét néz (nézz tévét)**
Fernseher, der	**tévé (-t, -k, -je)**
Ferse, die	**sarok (sark-at, -ak, -a)**
s. festhalten	**kapaszkodik (-j, kapaszkodni)**
Feuer, das	**tűz (tüz-et, -ek, -e)**
Feuerwache, die	**tűzoltó-parancsnokság**
Feuerwehrauto, das	**tűzoltóautó (-t, -k, -ja)**
Feuerwehrmann, der	**tűzoltó (-t, -k, -ja)**
Fieber haben	**lázas**

Film, der	**film (-et, -ek, -je)**
Finger, der	**ujj (-at, -ak, -a)**
Fisch, der	**hal (-at, -ak, -a)**
einen Fisch fangen	**halat fog**
Fischerboot, das	**halászcsónak (-ot, -ok, -ja)**
Fischladen, der	**halbolt (-ot, -ok, -ja)**
fit bleiben	**formában marad**
flach	**sekély**
Flagge, die	**zászló (-t, -k, -ja)**
Flasche, die	**üveg (-et, -ek, -e)**
Fleisch, das	**hús (-t, -ok, -a)**
Fleischerei, die	**húsbolt (-ot, -ok, -ja)**
fleißig	**szorgalmas**
flicken	**megfoltoz (foltozz meg)**
Fliege, die	**légy (legy-et, -ek, -e)**
fliegen	**repül (-j)**
Flitterwochen, die	**nászút (ut-at, -ak, útja)**
Flugbegleiterin, die	**utaskísérő (-t, -k, -je)**
Flügel, der	**szárny (-at, -ak, -a)**
Flughafen, der	**repülőtér (ter-et, -ek, -e)**
Flugticket, das	**repülőjegy (-et, -ek, -e)**
Flugzeug, das	**repülőgép (-et, -ek, -e)**
Fluss, der	**folyó (-t, -k, -ja)**
flüstern	**suttog (-j)**
Föhn, der	**hajszárító (-t, -k, -ja)**
Form, die	**alak (-ot, -ok, -ja)**
Formular, das	**űrlap (-ot, -ok, -ja)**
Foto, das	**fénykép (-et, -ek, -e)**
ein Foto machen	**lefényképez (fényképezz le)**
Fotograf, der	**fényképész (-t, -ek, -e)**
Fotografie, die	**fotózás (-t)**
fragen	**kérdez (kérdezz)**
Frankreich	**Franciaország (-ot, -a)**
Französisch	**francia nyelv (-et, -ek, -e)**
Frau, die	**nő (-t, -k, -je)**
frech	**szemtelen**
Freitag, der	**péntek (-et, -ek, -je)**
Freund, der	**barát (-ot, -ok, -ja)**
Freundin, die	**barátnő (-t, -k, -je)**
freundlich	**barátságos**
Friedhof, der	**temető (-t, -k, -je)**
friedlich	**békés**
frisch	**friss**
Friseursalon, der	**fodrászat (-ot, -ok, -a)**
Frohe Weihnachten!	**Boldog karácsonyt!**
fröhlich	**vidám**
Frosch, der	**béka (-t, -k, -ja)**
Frost, der	**fagy (-ot, -ok, -a)**
Fruchtsaft, der	**gyümölcslé (-t, -k, -je)**
Frühling, der	**tavasz (-t, -ok, -a)**
Frühstück, das	**reggeli (-t, -k, -je)**
Fuchs, der	**róka (-t, -k, -ja)**
fühlen	**érez (érezz)**
s. besser fühlen	**jobban érzi magát (érezd)**
s. krank fühlen	**rosszul érzi magát (érezd)**
füllen	**megtölt (-s, -eni)**
Füller, der	**töltőtoll (-at, -ak, -a)**
fünf	**öt**
fünf nach zehn	**öt perccel múlt tíz**
fünfundzwanzig	**huszonöt**
fünfzehn	**tizenöt**
fünfzig	**ötven**
Fuß, der	**lábfej (-et, -ek, -e)**
Fußball, der	**focilabda (-t, -k, -ja)**
Fußball spielen	**focizik (focizz)**
Fußboden, der	**padló (-t, -k, -ja)**
Fußgänger, der	**gyalogos (-t, -ok, -a)**
Fußmatte, die	**lábtörlő (-t, -k, -je)**
füttern	**etet (etess)**

G

Gabel, die	**villa (-t, -k, -ja)**
gähnen	**ásít (-s, -ani)**
Gang, der	**sor (-t, -ok, -a)**
Gans, die	**liba (-t, -k, -ja)**
Gänseblümchen, das	**százszorszép (-et, -ek, -e)**
Garage, die	**garázs (-t, -ok, -a)**
Garderobe, die	**ruhatár (-t, -ok, -a)**
Garten, der	**kert (-et, -ek, -je)**
im Garten arbeiten	**kertészkedik**
Gärtner, der	**kertész (-t, -ek, -e)**
Gas, das	**gáz (-t, -ok, -a)**
Gast, der	**vendég (-et, -ek, -e)**
Gebäck, das	**péksütemény (-t, -ek, -e)**
Gebäude, das	**épület (-et, -ek, -e)**
geblümt	**virágmintás**
geboren werden	**születik (szüless, születni)**
Geburt, die	**születés (-t, -ek, -e)**
Geburtstag, der	**születésnap (-ot, -ok, -ja)**
Gedicht, das	**vers (-et, -ek, -e)**
gegen	**háttal valaminek, neki-**
gegenüber	**szemben**
Gegenwart, die	**jelen (-t, -ek, -e)**
gehen	**megy (menj, menni)**
gehorsam	**engedelmes**
Geige spielen	**hegedül (-j)**
in Gelächter ausbrechen	**elneveti magát (nevesd)**
gelb	**sárga**
Geld, das	**pénz (-t, -ek, -e)**
Geld abheben	**pénzt vesz fel (vegyél, venni)**
Geld ausgeben	**pénzt költ (költs, költeni)**
Geld einzahlen	**pénzt befizet (fizess, fizetni)**

Geld wechseln	**pénzt vált (válts, váltani)**
Geldbörse, die	**pénztárca (-t, -k, -ja)**
Gemälde, das	**festmény (-t, -ek, -e)**
Gemüse, das	**zöldség (-et, -ek, -e)**
Gemüsebeet, das	**veteményes (-t, -ek, -e)**
Gepäckablage, die	**csomagtartó (-t, -k, -ja)**
Gepäckaufbewahrung, die	**csomagmegőrző (-t, -k, -je)**
Gepäckträger, der	**hordár (-t, -ok, -ja)**
Gepäckwagen, der	**kézikocsi (-t, -k, -ja)**
gepunktet	**pöttyös**
geradeaus weiterfahren	**egyenesen halad tovább**
Geranie, die	**muskátli (-t, -k, -ja)**
Geschäft, das	**üzlet (-et, -ek, -e)**
Geschäftsführer der Bank, der	**bankigazgató (-t, -k, -ja)**
Geschenk, das	**ajándék (-ot, -ok, -a)**
Geschichte, die	**történelem (történelm-et, -e), történet (-et, -ek, -e)**
eine Geschichte vorlesen	**mesét olvas**
geschickt	**ügyes**
Geschirrtuch, das	**konyharuha (-t, -k, -ja)**
geschlossen	**zárva**
Geschmack, der	**íz (-t, -ek, -e)**
Gesellschaft, die	**társadalom (társadalm-at, -ak, -a)**
Gesicht, das	**arc (-ot, -ok, -a)**
gestern	**tegnap**
gestern Abend	**tegnap este**
gestern Morgen	**tegnap reggel**
gestreift	**csíkos**
gesund	**egészséges**
geteilt durch	**osztva**
Getreide, das	**gabona (-t, -k, -ja)**
Gewächshaus, das	**melegház (-at, -ak, -a)**
Gewerkschaft, die	**szakszervezet (-et, -ek, -e)**
Gewicht, das	**súly (-t, -ok, -a)**
gewinnen	**győz (győzz)**
Gewürz, das	**fűszer (-t, -ek, -e)**
gießen	**önt (-s, -eni)**
Gießkanne, die	**öntözőkanna (-t, -k, -ja)**
Gipfel, der	**csúcs (-ot, -ok, -a)**
Giraffe, die	**zsiráf (-ot, -ok, -ja)**
Gitarre spielen	**gitározik (gitározz, gitározni)**
Glas, das	**pohár (pohar-at, -ak, -a)**
glatte Haare	**sima haj**
eine Glatze haben	**kopasz**
gleich	**egyforma**
gleichaltrig	**egyidős**
Gleis, das	**vágány (-t, -ok, -a)**
glücklich sein	**boldog**
Glückliches Neues Jahr!	**Boldog új évet!**
Goldfisch, der	**aranyhal (-at, -ak, -a)**
Goldfischglas, das	**üvegedény (-t, -ek, -e)**
Golf spielen	**golfozik (golfozz, golfozni)**
Golfschläger, der	**golfütő (-t, -k, -je)**
Gorilla, der	**gorilla (-t, -k, -ja)**
graben	**ás (-s)**
Grammatik, die	**nyelvtan (-t, -ok, -a)**
Gras, das	**fű (füv-et, -ek, -e)**
gratulieren	**gratulál (-j)**
grau	**szürke**
Greif zu!	**Vegyél!**
groß	**nagy**
Großbritannien	**Nagy-Britannia (-t, -ja)**
Großbuchstabe, der	**nagybetű (-t, -k, -je)**
Größe, die	**méret (-et, -ek, -e)**
Großmutter, die	**nagyanya (-t, -k, nagyanyja)**
Großstadt, die	**nagyváros (-t, -ok, -a)**
Großvater, der	**nagyapa (-t, -k, nagyapja)**
großzügig	**nagyvonalú**
grün	**zöld**
Grundschule, die	**általános iskola (-t, -k, -ja)**
Gummistiefel, die	**gumicsizma (-t, -k, -ja)**
Gürtel, der	**öv (-et, -ek, -e)**
gut aussehend	**jól néz ki**
gut gegessen haben	**jóllakik (lakj jól, jóllakni)**
Gute Nacht!	**Jó éjszakát!**
Guten Appetit!	**Jó étvágyat!**
Guten Morgen!	**Jó reggelt!**
Güterzug, der	**tehervonat (-ot, -ok, -a)**
Gymnasium, das	**gimnázium (-ot, -ok, -a)**
Gymnastik, die	**torna (-t, -k, -ja)**

H

Haare, die	**haj (-at, -ak, -a)**
s. die Haare bürsten	**keféli a haját (-j)**
s. die Haare föhnen	**hajat szárít (száríts)**
s. die Haare kämmen	**fésülködik (-j)**
s. die Haare waschen	**hajat mos (moss)**
Haarbürste, die	**hajkefe (-t, -k, -je)**
Haben Sie Kleingeld?	**Van aprópénze?**
Hafen, der	**kikötő (-t, -k, -je)**
Hagel, der	**jégeső (-t, -k, -je)**
Hahn, der	**kakas (-t, -ok, -a)**
halb elf	**fél tizenegy**
halb erfroren sein	**át van fagyva**
Halbunterrock, der	**alsószoknya (-t, -k, -ja)**
Hälfte, die	**fél (fel-et, -ek, -e)**
Hallo!	**1. Szia!/Sziasztok! 2. Halló!**
Hals, der	**nyak (-at, -ak, -a)**
Halskette, die	**nyaklánc (-ot, -ok, -a)**
halten	**tart (-s, -ani), fog (-j)**

Hammer, der	**kalapács (-ot, -ok, -a)**
Hamster, der	**hörcsög (-öt, -ök, -e)**
Hand, die	**kéz (kez-et, -ek, -e)**
die Hand geben	**kezet fog valakivel**
s. die Hand verstauchen	**kificamítja a kezét**
Handarbeitsgeschäft, das	**rövidáruüzlet (-et, -ek, -e)**
Handgelenk, das	**csukló (-t, -k, -ja)**
Handgepäck, das	**kézipoggyász (-t, -ok, -a)**
Handschuhe, die	**kesztyű (-t, -k, -je)**
Handtasche, die	**kézitáska (-t, -k, -ja)**
Handtuch, das	**törülköző (-t, -k, -je)**
Hang, der	**lejtő (-t, -k, -je)**
Harke, die	**gereblye (-t, -k, -je)**
hart	**kemény**
Hauptgericht, das	**főétel (-t,- ek, -e)**
Hauptstraße, die	**főút (utat, utak, útja)**
Haus, das	**ház (-at, -ak, -a)**
in einem Haus wohnen	**egy házban lakik (-j)**
Hausmeister, der	**házmester (-t, -ek, -e)**
Hausschuhe, die	**papucs (-ot, -ok, -a)**
Haut, die	**bőr (-t, -ök, -e)**
Heft, das	**füzet (-et, -ek, -e)**
Heftpflaster, das	**sebtapasz (-t,- ok, -a)**
heilen	**(meg)gyógyít (-s, -ani)**
Heiliger Abend	**szenteste (-t, -k, -je)**
Heimwerken, das	**barkácsolás (-t, -ok, -a)**
heiraten	**házasodik (-j, házasodni)**
heißes Wasser	**meleg víz**
Heizkörper, der	**fűtőtest (-et, -ek, -e)**
Held/in, der/die	**hős/nő**
hellhäutig	**világos bőrű**
Hemd, das	**ing (-et, -ek, -e)**
Herbst, der	**ősz (-t, -ök, -e)**
Herde, die	**nyáj (-at, -ak, -a)**
Hering, der	**hering (-et, -ek, -je)**
Herzlichen Glückwunsch zum Geburtstag!	**Boldog születésnapot kívánok!**
Heu, das	**széna (-t, -k, -ja)**
Heuhaufen, der	**szénakazal (kazl-at, -ak, -a)**
heute	**ma**
heute Abend	**ma este**
heute Morgen	**ma reggel**
Hier spricht Tímea.	**Tímea vagyok.**
Himbeere, die	**málna (-t, -k, -ja)**
Himmel, der	**ég (eg-et, -ek, -e)**
hinauf	**felfelé**
s. hinknien	**letérdel (-j)**
s. hinlegen	**lefekszik (feküdj le, lefeküdni)**
hinstellen	**állít (-s, -ani)**
hinter	**mögött, mögé**
hinunter	**lefelé**
Hinweisschild, das	**útjelző tábla (-t, -k, -ja)**
Hochwasser, das	**árvíz (viz-et, -ek, -e)**
Hochzeit, die	**esküvő (-t, -k, -je)**
hocken	**gubbaszt (gubbassz, gubbasztani)**
Höcker, der	**púp (-ot, -ok, -ja)**
Hof, der	**udvar (-t, -ok, -a)**
höflich	**udvarias**
Honig, der	**méz (-et, -e)**
Hörer, der	**telefonkagyló (-t, -k, -ja)**
den Hörer auflegen	**leteszi a telefont**
den Hörer abnehmen	**felveszi a telefont**
Hose, die	**nadrág (-ot, -ok, -ja)**
Hotel, das	**szálloda (-t, -k, -ja)**
im Hotel wohnen	**szállodában lakik**
hübsch	**csinos**
Hügel, der	**domb (-ot, -ok, -ja)**
Huhn, das	**tyúk (-ot, -ok, -ja)**
Hühnerstall, der	**tyúkól (-at, -ak, -ja)**
Hund, der	**kutya (-t, -k, -ja)**
den Hund ausführen	**kutyát sétáltat**
Hundehütte, die	**kutyaól (-at, -ak, -ja)**
hundert	**száz**
Hunger haben	**éhes**
Hupe, die	**duda (-t, -k, -ja)**
Hut, der	**kalap (-ot, -ok, -ja)**

I

Ich bin neunzehn.	**Tizenkilenc éves vagyok.**
Ich bin zu Hause.	**Itthon vagyok.**
Ich hätte gern ...	**Szeretnék ...**
Ich heiße ...	**Engem ...-nak/-nek hívnak.**
Ich rufe dich zurück.	**Visszahívlak.**
Igel, der	**sün (-t, -ök, -je)**
in	**-ba, -be, -ban, -ben**
In welcher Richtung ist ...?	**Merre van ...?**
Indien	**India (-t, -ja)**
Informatik, die	**számítástechnika (-t, -k, -ja)**
Inhalt, der	**űrtartalom (űrtartalm-at, -ak, -a)**
Innenstadt, die	**belváros (-t, -ok, -a)**
Instrument, das	**hangszer (-t, -ek, -e)**
Intercity, der	**intercity (-t, -k, -je)**
interessant	**érdekes**
interviewen	**meginterjúvol (-j)**
Ist der Service inbegriffen?	**Felszolgálási díjjal együtt?**
Italien	**Olaszország (-ot, -a)**

J

Ja	**Igen**
Jacke, die	**dzseki (-t, -k, -je)**
jagen	**kerget (kergess)**
Jahr, das	**év (-et, -ek, -e)**
Jahreszeit, die	**évszak (-ot, -ok, -a)**
Januar	**január (-t, -ok, -ja)**

Japan	**Japán (-t)**
Jeans, die	**farmernadrág (-ot, -ok, -ja)**
jetzt	**most**
joggen gehen	**kocogni megy (menj, menni)**
Joghurt, das	**joghurt (-ot, -ok, -ja)**
Journalistin, die	**újságírónő (-t, -k, -je)**
Juli	**július (-t, -ok, -a)**
jung	**fiatal**
junger Hund	**kiskutya (-t, -k, -ja)**
Junge, der	**fiú (-t, -k, -ja)**
jünger als	**fiatalabb, mint**
Juni	**június (-t, -ok, -a)**

K

Kabeljau, der	**tőkehal (-at, -a)**
Kabine, die	**kajüt (-öt, -ök, -je)**
Kaffee, der	**kávé (-t, -k, -ja)**
Kaffeekanne, die	**kávéskanna (-t, -k, -ja)**
Käfig, der	**ketrec (-et, -ek, -e)**
Kalb, das	**borjú (borj-at, -ak, -a)**
Kalbfleisch, das	**borjúhús (-t, -ok, -a)**
Kalender, der	**naptár (-t, -ak, -a)**
kaltes Wasser	**hideg víz**
Kamel, das	**teve (-t, -k, -je)**
Kamera, die	**fényképezőgép (-et, -ek, -e)**
Kamin, der	**kandalló (-t, -k, -ja)**
am Kamin sitzen	**a tűz mellett ül**
Kamm, der	**fésű (-t, -k, -je)**
Kanada	**Kanada (-t, -ja)**
Känguru, das	**kenguru (-t, -k, -ja)**
Kaninchen, das	**(házi)nyúl (nyul-at, -ak, -a)**
Kanu, das	**kenu (-t, -k, -ja)**
Kapitän, der	**kapitány (-t, -ok, -a)**
Karotte, die	**sárgarépa (-t, -k, -ja)**
Karte, die	**térkép (-et, -ek, -e), képeslap (-ot, -ok, -ja)**
Karten spielen	**kártyázik (kártyázz)**
Kartoffel, die	**burgonya (-t, -k, -ja)**
Karussell, das	**körhinta (-t, -k, -ja)**
Käse, der	**sajt (-ot, -ok, -ja)**
Kasse, die	**pénztár (-t, -ak, -a)**
Kassette, die	**kazetta (-t, -k, -ja)**
Kassettenrecorder, der	**kazettás magnó (-t, -k, -ja)**
Kassierer/in, der/die	**pénztáros/nő**
Kätzchen, das	**kiscica (-t, -k, -ja)**
Katze, die	**macska (-t, -k, -ja)**
kaufen	**vásárol (-j)**
Kaufhaus, das	**áruház (-at, -ak, -a)**
Kegel, der	**kúp (-ot, -ok, -ja)**
Keller, der	**pince (-t, -k, -je)**
kentern	**felborul (-j)**
Kerze, die	**gyertya (-t, -k, -ja)**
Kilo, das	**kiló (-t, -k, -ja)**
Kind, das	**gyerek (-et, -ek, -e)**
Kinderbett, das	**gyerekágy (-at, -ak, -a)**
Kindergarten, der	**óvoda (-t, -k, -ja)**
im Kindergarten	**óvodában**
Kindheit, die	**gyerekkor (-t, -ok, -a)**
Kinn, das	**áll (-at, -ak, -a)**
Kino, das	**mozi (-t, -k, -ja)**
ins Kino gehen	**moziba megy (menj, menni)**
Kiosk, der	**újságosbódé (-t, -k, -ja)**
Kirche, die	**templom (-ot, -ok, -a)**
Kirsche, die	**cseresznye (-t, -k, -je)**
Klassenzimmer, das	**osztályterem (term-et, -ek, -e)**
klassische Musik	**komolyzene (-t, -k, -je)**
klatschen	**tapsol (-j)**
klatschnass	**csuromvizes**
Klavier spielen	**zongorázik (zongorázz, zongorázni)**
Kleid, das	**ruha (-t, -k, -ja)**
Kleidung, die	**ruházat (-ot, -a)**
klein	**kicsi**
Klempner, der	**vízszerelő (-t, -k, -je)**
klettern	**mászik (mássz)**
Klima, das	**éghajlat (-ot, -ok, -a)**
Klingel, die	**csengő (-t, -k, -je)**
klingeln	**csenget (csengess)**
Knie, das	**térd (-et, -ek, -e)**
knien	**térdel (-j)**
Knoblauch, der	**fokhagyma (-t, -k, -ja)**
Knöchel, der	**boka (-t, -k, -ja)**
Knopf, der	**gomb (-ot, -ok, -ja)**
knurren	**morog (-j)**
kochen	**főz (főzz)**
Kocher, der	**kempingfőző (-t, -k, -je)**
Kochtopf, der	**fazék (fazek-at, -ak, -a)**
Köder, der	**csalétek (csalétk-et, -ek, -e)**
Koffer, der	**bőrönd (-öt, -ök, -je)**
Kofferraum, der	**csomagtartó (-t, -k, -ja)**
komisch	**vicces**
Konditorei, die	**cukrászda (-t, -k, -ja)**
Konserve, die	**konzerv (-et, -ek, -je)**
Kontinent, der	**földrész (-t, -ek, -e)**
Kontrolleur, der	**ellenőr (-t, -ök, -e)**
Kopf, der	**fej (-et, -ek, -e)**
Kopfhörer, der	**fejhallgató (-t, -k, -ja)**
Kopfkissen, das	**párna (-t, -k, -ja)**
Kopfschmerzen haben	**fáj a feje**
Korb, der	**kosár (kosar-at, -ak, -a)**
Körper, der	**test (-et, -ek, -e)**
Kotelett, das	**karaj (-t, -ok, -a)**
Kralle, die	**karom (karm-ot, -ok, -a)**
Krankenhaus, das	**kórház (-at, -ak, -a)**
Krankenschwester, die	**ápolónő (-t, -k, -je)**
Krankenwagen, der	**mentőautó (-t, -k, -ja)**

kraulen	**gyorsúszik (-úszni)**
Kräuter, die	**fűszernövények**
Krawatte, die	**nyakkendő (-t, -k, -je)**
Krebs, der	**rák (-ot, -ok, -ja)**
Kreditkarte, die	**hitelkártya (-t, -k, -ja)**
Kreide, die	**kréta (-t, -k, -ja)**
Kreis, der	**kör (-t, -ök, -e)**
Krug, der	**kancsó (-t, -k, -ja)**
Kugelschreiber, der	**golyóstoll (-at, -ak, -a)**
Küche, die	**konyha (-t, -k, -ja)**
Küchenschrank, der	**konyhaszekrény (-t, -ek, -e)**
Kuh, die	**tehén (tehen-et, -ek, -e)**
Kühlschrank, der	**hűtőszekrény (-t, -ek, -e)**
Kuhstall, der	**tehénistálló (-t, -k, -ja)**
Kuli, der	**golyóstoll (-at, -ak, -a)**
Kundin, die	**női vásárló (-t, -k, -ja)**
Kunstgalerie, die	**művészeti galéria (-t, -k, -ja)**
Künstler, der	**művész (-t, -ek, -e)**
kurz	**rövid**
Kurzwarenladen, der	**rövidáruüzlet (-et, -ek, -e)**
Kusine, die	**unokanővér (-t, -ek, -e)**
küssen	**megpuszil (-j), (meg)csókol (-j)**

L

lächeln	**mosolyog (-j)**
lachen	**nevet (nevess)**
laden	**(be)rakodik (-j, rakodni)**
Ladenbesitzer/in, der/die	**üzlettulajdonos (-t, -ok, -a)**
Laderaum, der	**rakodótér (ter-et, -ek, -e)**
Ladung, die	**rakomány (-t, -ok, -a)**
Lamm, das	**bárány (-t, -ok, -a)**
Lampe, die	**lámpa (-t, -k, -ja)**
Land, das	**vidék (-et, -ek, -e), ország (-ot, -ok, -a)**
Landebahn, die	**leszállópálya (-t, -k, -ja)**
landen	**leszáll (-j)**
Landschaft, die	**táj (-at, -ak, -a)**
Landungsbrücke, die	**hajópalló (-t, -k, -ja)**
lang	**hosszú**
Länge, die	**hossz (-t, -ak, -a)**
langsam	**lassú**
langweilig	**unalmas**
Lastwagen, der	**teherautó (-t, -k, -ja)**
Lastwagenfahrer, der	**teherautó-sofőr (-t, -ök, -e)**
Latzhose, die	**kertésznadrág (-ot, -ok, -ja)**
laufen	**fut (fuss)**
laut	**hangos**
läuten	**cseng (-j, -eni)**
Lautsprecher, der	**hangosbemondó (-t, -k, -ja)**
Leben, das	**élet (-et, -ek, -e)**
Lebensmittelgeschäft, das	**élelmiszerüzlet (-et, -ek, -e)**
Leberwurst, die	**kenőmájas (-t, -ok, -a)**
lebhaft	**eleven**
Lecker!	**Finom!**
leer	**üres**
leeren	**(ki)ürít (-s, -eni)**
Leerung, die	**kiürítés (-t, -ek, -e)**
lehnen an	**támaszkodik (-j, támaszkodni)**
lehren	**tanít (-s, -ani)**
Lehrer, der	**tanár (-t, -ok, -a)**
leicht	**könnyű**
Leichtathletik, die	**atlétika (-t, -ja)**
Leiter, die	**létra (-t, -k, -ja)**
Lenkrad, das	**kormány (-t, -ok, -a)**
lernen	**tanul (-j)**
lesen	**olvas (-s)**
letzt-	**utolsó**
leuchtend	**élénk**
Libelle, die	**szitakötő (-t, -k, -je)**
Licht anmachen	**villanyt gyújt**
lieb haben	**kedvel (-j)**
Liebe Tímea,	**Kedves Tímea!**
lieben	**szeret (szeress)**
Lieferwagen, der	**szállítóautó (-t, -k, -ja)**
liegen	**fekszik (feküdj, feküdni)**
lila	**lila**
Lineal, das	**vonalzó (-t, -k, -ja)**
linke Seite	**bal oldal (-t, -ok, -a)**
links	**balra, baloldal (-t, -ak, -a)**
links abbiegen	**balra fordul**
Linsen, die	**lencse (-t, -k, -je)**
Lippe, die	**ajak (ajk-at, -ak, -a)**
Lippenstift, der	**rúzs (-t, -ok, -a)**
Liste, die	**lista (-t, -k, -ja)**
eine Liste machen	**listát készít**
Liter, der	**liter (litert, litrek, literje)**
ein halber Liter	**fél liter**
lockige Haare	**göndör haj (-at, -ak, -a)**
Löffel, der	**kanál (kanal-at, -ak, -a)**
Lohn, der	**bér (-t, -ek, -e)**
Lokomotive, die	**mozdony (-t, -ok, -a)**
losfahren	**(el)indul (-j)**
Löwe, der	**oroszlán (-t, -ok, -ja)**
Luftballon, der	**léggömb (-öt, -ök, -je)**
Luftpost, die	**légiposta (-t, -k, -ja)**

M

machen	**csinál (-j)**
Mädchen, das	**lány (-t, -ok, -a)**
Mai	**május (-t, -ok, -a)**
Make-up, das	**alapozó (-t, -k, -ja)**

mal	**-szor, -szer, -ször**
malen	**fest (fess, festeni)**
Mann, der	**férfi (-t, -ak, -ja)**
Mannschaft, die	**csapat (-ot, -ok, -a)**
Mantel, der	**kabát (-ot, -ok, -ja)**
Margarine, die	**margarin (-t, -ja)**
Markt, der	**piac**
auf dem Markt einkaufen	**bevásárol a piacon**
Marktplatz, der	**piactér (ter-et, -ek, -e)**
Marktstand, der	**elárusítópult (-ot, -ok, -ja)**
Marmelade, die	**lekvár (-t, -ok, -ja)**
März	**március (-t, -ok, -a)**
Mascara, die	**szempillafesték (-et, -ek, -e)**
Mathematik	**matematika (-t, -k, -ja)**
Maulwurf, der	**vakond (-ot, -ok, -ja)**
Maurer, der	**kőműves (-t, -ek, -e)**
Maus, die	**egér (eger-et, -ek, -e)**
Medien, die	**média (-t, -k, -ja)**
Meer, das	**tenger (-t, -ek, -e)**
am Meer	**a tengerparton**
Meerschweinchen, das	**tengerimalac (-ot, -ok, -a)**
Mehl, das	**liszt (-et, -ek, -je)**
melken	**fej (-j)**
Melodie, die	**dallam (-ot, -ok, -a)**
Melone, die	**dinnye (-t, -k, -je)**
Menge, die	**tömeg (-et, -ek, -e)**
messen	**mér (-j)**
Messer, das	**kés (-t, -ek, -e)**
Meter, der	**méter (-t, -e)**
miauen	**nyávog (-j)**
Mieter, der	**bérlő (-t, -k, -je)**
Milch, die	**tej (-et, -e)**
Milchstraße, die	**Tejút (Tejutat)**
eine Million	**egymillió (-t, -ja)**
Mineralwasser, das	**ásványvíz (viz-et, -ek, -e)**
Minute, die	**perc (-et, -ek, -e)**
Mir ist warm.	**Melegem van.**
mit	**-val, -vel**
Mitte, die	**centrum (-ot, -ok, -a)**
Mit freundlichen Grüßen	**Szívélyes üdvözlettel**
Mit getrennter Post erhältst Du ...	**Külön küldöm neked a ...**
Mitglied, das	**tag (-ot, -ok, -ja)**
Mitglied sein	**tagja valaminek**
Mitglied werden	**belép (lépj be) valahová**
Mittag	**dél (del-et, -ek, -e)**
Mittagessen, das	**ebéd (-et, -ek, -je)**
Mittagspause, die	**ebédszünet (-et, -ek, -e)**
mittel	**középméret (-et, -ek, -e)**
Mitternacht	**éjfél (-t)**
Mittwoch, der	**szerda (-t, -k, -ja)**
Möbel, die	**bútor (-t, -ok, -a)**
Model, das	**modell (-t, -ek, -je)**
modisch	**divatos**
Monat, der	**hónap (-ot, -ok, -ja)**
Mond, der	**hold (-at, -ak, -ja)**
Montag, der	**hétfő (-t, -k, -je)**
Moped, das	**kismotor (-t, -ok, -ja)**
morgen	**holnap (-ot, -ok, -ja)**
morgen Abend	**holnap este**
morgen früh	**holnap reggel**
Morgen, der	**reggel (-t, -ek, -e)**
Morgengrauen, das	**hajnal (-t, -ok, -a)**
Morgenmantel, der	**köntös (-t, -ök, -e)**
Motorboot, das	**motorcsónak (-ot, -ok, -ja)**
Motorhaube, die	**motorháztető (-t, -k, -teteje)**
Motorrad, das	**motorkerékpár (-t, -ok, -ja)**
Möwe, die	**sirály (-t, -ok, -a)**
Mücke, die	**szúnyog (-ot, -ok, -ja)**
müde	**fáradt**
Mülleimer, der	**szemetes (-t, -ek, -e)**
Müllmann, der	**szemetes (-t, -ek, -e)**
multiplizieren	**szoroz (szorozz)**
Mund, der	**száj (-at, -ak, -a)**
Münze, die	**pénzérme (-t, -k, -je)**
Muschel, die	**kagyló (-t, -k, -ja)**
Musik hören	**zenét hallgat (hallgass)**
Musik	**(ének-)zene (-t, -je)**
Musikerin, die	**női zenész (-t, -ek, -e)**
Muster, das	**minta (-t, -k, -ja)**
mutig	**bátor**
Mutter, die	**anya (-t, -k, anyja)**
Mütze, die	**sapka (-t, -k, -ja)**

N

Nachbarin, die	**szomszédasszony (-t, -ok, -a)**
Nachmittag, der	**délután (-t, -ok, -ja)**
Nachname, der	**vezetéknév (nev-et, -ek, -e)**
Nachricht, die	**hír (-t, -ek, -e)**
nächste Woche	**jövő héten**
nächsten Montag	**jövő hétfőn**
Nacht, die	**éjjel (-t, -ek, -e)**
Nachthemd, das	**hálóing (-et, -ek, -e)**
Nachtisch, der	**édesség (-et, -ek, -e)**
Nachttisch, der	**éjjeliszekrény (-t, -ek, -e)**
nackt	**meztelen**
Nadel, die	**tű (-t, -k, -je)**
nahe an	**közel valamihez**
nähen	**varr (-j)**
Name, der	**név (nev-et, -ek, -e)**
Nase, die	**orr (-ot, -ok, -a)**
Nebel, der	**köd (-öt, -ök, -je)**
neben	**mellett, mellé**
Neffe, der	**unokaöcs (öccs-öt, -ök, -e)**
Nein	**Nem**

Nest, das	**fészek (fészk-et, -ek, -e)**
Netz, das	**háló (-t, -k, -ja)**
neu	**új**
Neujahr	**újév (-et, -ek, -e)**
neun	**kilenc**
neunzehn	**tizenkilenc**
neunzig	**kilencven**
Neuseeland	**Új-Zéland (-ot)**
Nichte, die	**unokahúg (-ot, -ok, -a)**
Nichtraucherabteil	**nemdohányzó**
Nichts zu verzollen.	**Nincs elvámolnivalóm.**
Niederlande, die	**Hollandia (-t, -ja)**
niedlich	**aranyos**
niesen	**tüsszög (-j)**
Nilpferd, das	**víziló (lov-at, -ak, -a)**
Norden, der	**észak (-ot)**
Nordpol, der	**Északi-sark (-ot)**
Notfall, der	**sürgős eset (-et, -ek, -e)**
Notruf, der	**segélyhívás (-t, -ok, -a)**
November	**november (-t, -ek, -e)**
Nudeln, die	**tészta (-t, -k, -ja)**
Null, die	**nulla (-t)**
Nummernschild, das	**rendszámtábla (-t, -k, -ja)**
nützlich	**hasznos**

O

oben	**fent**
nach oben gehen	**felmegy (menj fel, felmenni)**
Ober, der	**pincér (-t, -ek, -e)**
Obst, das	**gyümölcs (-öt, -ök, -e)**
Obst pflücken	**gyümölcsöt szed (-j)**
Obstgarten, der	**gyümölcsös (-t, -ök, -e)**
Obsttörtchen, das	**gyümölcskosár (-kosar-at, -ak, -a)**
offen	**nyitva**
öffnen	**nyit (nyiss)**
ohne	**nélkül**
in Ohnmacht fallen	**elájul (ájulj el)**
Ohr, das	**fül (-et, -ek, -e)**
Ohrringe, die	**fülbevaló (-t, -k, -ja)**
Oktober	**október (-t, -ek, -e)**
Öl, das	**olaj (-at, -ok/-ak, -a)**
Onkel, der	**nagybácsi (-t, -k, -ja)**
Oper, die	**opera (-t, -k, -ja)**
Operation, die	**műtét (-et, -ek, -e)**
Operationssaal, der	**műtő (-t, -k, -je)**
orange	**narancssárga**
Orchester, das	**zenekar (-t, -ok, -a)**
Osten, der	**kelet (-et)**
Osterglocke, die	**nárcisz (-t, -ok, -a)**
Ostern	**húsvét (-ot, -ok, -ja)**

P

Päckchen, das	**csomag (-ot, -ok, -ja)**
packen	**csomagol (-j)**
Paket, das	**csomag (-ot, -ok, -ja)**
Panne, die	**defekt (-et, -ek, -je)**
eine Panne haben	**lerobban az autó**
Parfüm, das	**parfüm (-öt, -ök, -je)**
Park, der	**park (-ot, -ok, -ja)**
parken	**parkol (-j)**
Parkplatz, der	**parkolóhely (-et, -ek, -e)**
Parkverbot!	**várakozni/parkolni tilos**
Parkwächter, der	**parkőr (-t, -ök, -e)**
Parlament, das	**országgyűlés (-t, -ek, -e)**
Partei, die	**párt (-ot, -ok, -ja)**
Party, die	**buli (-t, -k, -ja)**
Pass, der	**útlevél (level-et, -ek, -e)**
Passagier, der	**utas (-t, -ok, -a)**
Passagierschiff, das	**utasszállító hajó (-t, -k, -ja)**
Patient, der	**beteg (-et, -ek, -e)**
Pause, die	**szünet (-et, -ek, -e)**
Pazifik, der	**Csendes-óceán (-t)**
Pension, die	**panzió (-t, -k, -ja)**
Pfad, der	**ösvény (-t, -ek, -e)**
Pfarrer, der	**lelkész (-t, -ek, -e)**
Pfeffer, der	**bors (-ot, -a)**
Pferd, das	**ló (lov-at, -ak, -a)**
Pferderennen, das	**lóverseny (-t, -ek, -e)**
Pferdestall, der	**lóistálló (-t, -k, -ja)**
Pfirsich, der	**őszibarack (-ot, -ok, -ja)**
pflanzen	**ültet (ültess)**
Pflaume, die	**szilva (-t, -k, -ja)**
pflügen	**szánt (-s, -ani)**
Pfote, die	**mancs (-ot, -ok, -a)**
Pfund, das	**fél kiló**
Pfütze, die	**tócsa (-t, -k, -ja)**
Physik	**fizika (-t, -ja)**
Picknick, das	**piknik (-et, -ek, -je)**
Pilot, der	**pilóta (-t, -k, -ja)**
Pinguin, der	**pingvin (-t, -ek, -je)**
Pinsel, der	**ecset (-et, -ek, -je)**
Planet, der	**bolygó (-t, -k, -ja)**
planschen	**pancsol (-j)**
platt	**lapos**
einen Platten haben	**lapos a kereke**
Platte, die	**lemez (-t, -ek, -e)**
Plattenspieler, der	**lemezjátszó (-t, -k, -ja)**
Platz, der	**tér (ter-et, -ek, -e), ülőhely (-et, -ek, -e)**
Platzanweiserin, die	**jegyszedőnő (-t, -k, -je)**
Plätzchen, das	**teasütemény (-t, -ek, -e)**
Platzkarte, die	**helyjegy (-et, -ek, -e)**
eine Platzkarte kaufen	**helyjegyet vesz**
Politik, die	**politika (-t, -ja)**
Polizeiauto, das	**rendőrautó (-t, -k, -ja)**
Polizeiwache, die	**rendőrőrs (-öt, -ök, -e)**
Polizist, der	**rendőr (-t, -ök, -e)**
Pony, der	**frufru (-t, -ja)**
Popmusik, die	**popzene (-t, -je)**

Portier, der	**portás (-t, -ok, -a)**
Post, die	**(napi) posta (-t, -ja)**
Postamt, das	**posta (-t, -k, -ja)**
Postkarte, die	**képeslap (-ot, -ok, -ja)**
Postleitzahl, die	**irányítószám (-ot, -ok, -a)**
postwendend	**postafordultával**
Präsident, der	**elnök (-öt, -ök, -e)**
Preis, der	**ár (-at, -ak, -a)**
probieren	**kóstol (-j)**
Programm, das	**műsor (-t, -ok, -a)**
Prüfung, die	**vizsga (-t, -k, -ja)**
eine Prüfung machen	**vizsgát tesz**
Publikum, das	**közönség (-et, -e)**
Pullover, der	**pulóver (-t, -ek, -e)**
Puls, der	**pulzus (-t, -ok, -a)**
den Puls fühlen	**megméri a pulzusát**
Punkt, der	**pont (-ot, -ok, -ja)**
pünktlich	**pontos**

Q

Quadrat, das	**négyzet (-et, -ek, -e)**
Quittung, die	**számla (-t, -k, -ja)**

R

Rad, das	**kerék (kerek-et, -ek, -e)**
Radiergummi, der	**radír (-t, -ok, -ja)**
Radio, das	**rádió (-t, -k, -ja)**
Radio hören	**rádiót hallgat**
Rasen, der	**pázsit (-ot, -ja)**
den Rasen mähen	**füvet nyír**
Rasenmäher, der	**fűnyíró gép (-et, -ek, -e)**
s. rasieren	**borotválkozik (borotválkozz)**
Rasierer, der	**borotva (-t, -k, -ja)**
Rasierapparat, der	**villanyborotva (-t, -k, -ja)**
Rasierschaum, der	**borotvahab (-ot, -ok, -ja)**
Rathaus, das	**városháza´ (-ház -át, -ák)**
Rauch, der	**füst (-öt, -ök, -je)**
Raumschiff, das	**űrhajó (-t, -k, -ja)**
Rebe, die	**szőlő (-t, -k, -je)**
Rechner, der	**számológép (-et, -ek, -e)**
Rechnung, die	**számla (-t, -k, -ja)**
rechte Seite	**jobb oldal (-t, -a)**
Rechteck, das	**téglalap (-ot, -ok, -ja)**
rechts	**jobbra, jobboldal (-t, -ak, -a)**
rechts abbiegen	**jobbra fordul (-j)**
Rechtsanwältin, die	**ügyvédnő (-t, -k, -je)**
Rechtschreibung, die	**helyesírás (-t, -a)**
Regen, der	**eső (-t, -k, -je)**
Regenbogen, der	**szivárvány (-t, -ok, -a)**
Regenmantel, der	**esőkabát (-ot, -ok, -ja)**
Regenschirm, der	**esernyő (-t, -k, -je)**
Regentropfen, der	**esőcsepp (-et, -ek, -je)**
Regierung, die	**kormány (-t, -ok, -a)**
reif	**érett**
Reifen, der	**autógumi (-t, -k, -ja)**
Reis, der	**rizs (-t, -e)**
Reisebus, der	**távolsági busz (-t, -ok, -a)**
reisen	**utazik (utazz, utazni)**
Reisende, der	**utas (-t, -ok, -a)**
Reißverschluss, der	**cipzár (-t, -ak, -ja)**
Rente, die	**nyugdíj (-at, -ak, -a)**
in Rente gehen	**nyugdíjba megy (menj, menni)**
reparieren	**(meg)javít (-s, -ani)**
reservierter Platz	**foglalt hely (-et, -ek, -e)**
Restaurant, das	**étterem (étterm-et, -ek, -e)**
Rettungsschwimmer, der	**úszómester (-t, -ek, -e)**
Rezept, das	**recept (-et, -ek, -je)**
Richter, der	**bíró (-t, -k, -ja)**
riesig	**hatalmas**
Ring, der	**gyűrű (-t, -k, -je)**
Rock, der	**szoknya (-t, -k, -ja)**
roh	**nyers**
Rolltreppe, die	**mozgólépcső (-t, -k, -je)**
Roman, der	**regény (-t, -ek, -e)**
rosa	**rózsaszín**
Rose, die	**rózsa (-t, -k, -ja)**
Rosenkohl, der	**kelbimbó (-t, -k, -ja)**
rot	**piros**
rote Haare	**vörös haj (-at, -a)**
Rücken, der	**hát (-at, -ak, -a)**
rückenschwimmen	**háton úszik**
Rückfahrkarte, die	**menettérti jegy (-et, -ek, -e)**
Rucksack, der	**hátizsák (-ot, -ok, -ja)**
rückwärts	**hátra**
Ruder, das	**evező (-t, -k, -je)**
Ruderboot, das	**evezős csónak**
rudern	**evez (evezz)**
rufen	**kiált (-s, -ani)**
rühren	**kever (-j)**
ruhig	**nyugodt**
Rüssel, der	**ormány (-t, -ok, -a)**
Russland	**Oroszország (-ot, -a)**
Rutsche, die	**csúszda (-t, -k, -ja)**

S

säen	**vet (vess)**
Säge, die	**fűrész (-t, -ek, -e)**
sagen	**mond (-j, -ani)**
Sahne, die	**tejszín (-t, -e)**
Sahnetorte, die	**habos torta (-t, -k, -ja)**
Salami, die	**szalámi (-t, -k, -ja)**
Salat, der	**saláta (-t, -k, -ja)**
Salz, das	**só (-t, -ja)**
Sammlung, die	**gyűjtemény (-t, -ek, -e)**
Samstag, der	**szombat (-ot, -ok, -ja)**
Sand, der	**homok (-ot, -ja)**
Sandalen, die	**szandál (-t, -ok, -ja)**

Sandburg, die	**homokvár (-at, -ak, -a)**
Sänger, der	**énekes (-t, -ek, -e)**
Satz, der	**mondat (-ot, -ok, -a)**
sauber	**tiszta**
sauer	**savanyú**
Schach spielen	**sakkozik (sakozz, sakkozni)**
Schade, dass Du nicht hier bist.	**Kár, hogy nem vagy velünk.**
Schaf, das	**juh (-ot, -ok, -a)**
Schäferhund, der	**juhászkutya (-t, -k, -ja)**
Schaffner, der	**kalauz (-t, -ok, -a)**
Schal, der	**sál (-at, -ak, -a)**
Schallplattengeschäft, das	**lemezbolt (-ot, -ok, -ja)**
scharf	**éles**
Schatten, der	**árnyék (-ot, -ok, -a)**
Schaufel, die	**lapát (-ot, -ok, -ja)**
Schaufenster, das	**kirakat (-ot, -ok, -a)**
einen Schaufensterbummel machen	**nézegeti a kirakatokat**
Schaukel, die	**hinta (-t, -k, -ja)**
Schauspieler/in, der/die	**színész/nő**
Scheck, der	**csekk (-et, -ek, -je)**
einen Scheck ausstellen	**kiállít egy csekket**
Scheckbuch, das	**csekkfüzet (-et, -ek, -e)**
Scheinwerfer, der	**reflektor (-t, -ok, -a), fényszóró (-t, -k, -ja)**
schenken	**ajándékoz (ajándékozz)**
Schere, die	**olló (-t, -k, -ja)**
Scheune, die	**csűr (-t, -ök, -je)**
schicken	**küld (-j, -eni)**
Schiedsrichter, der	**játékvezető (-t, -k, -je)**
Schiff, das	**hajó (-t, -k, -ja)**
mit dem Schiff fahren	**hajón utazik (utazz, utazni)**
Schildkröte, die	**teknős (-t, -ök, -e)**
Schilf, das	**nád (-at, -ja)**
Schinken, der	**sonka (-t, -k, -ja)**
Schlaf gut.	**Aludj jól!**
Schlafanzug, der	**pizsama (-t, -k, -ja)**
schlafen	**alszik (aludj, aludni)**
Schlafenszeit, die	**a lefekvés ideje**
Schlaflied, das	**altatódal (-t, -ok, -a)**
schläfrig	**álmos**
Schlafsack, der	**hálózsák (-ot, -ok, -ja)**
Schlafwagen, der	**hálókocsi (-t, -k, -ja)**
Schlafzimmer, das	**hálószoba (-t, -k, -ja)**
Schläger, der	**ütő (-t, -k, -je)**
Schlagzeile, die	**főcím (-et, -ek, -e)**
Schlagzeug spielen	**ütőhangszeren játszik**
Schlange, die	**kígyó (-t, -k, -ja)**
schlank	**karcsú**
schlecht gelaunt	**rosszkedvű**
Schlitten, der	**szánkó (-t, -k, -ja)**
Schlussverkauf, der	**árleszállítás (-t, -ok, -a)**
schmal	**keskeny**
Schmetterling, der	**pillangó (-t, -k, -ja)**
s. schminken	**kifesti magát (fesd ki)**
Schmuck, der	**ékszer (-t, -ek, -e)**
schmutzig	**piszkos**
Schnabel, der	**csőr (-t, -ök, -e)**
schnarchen	**horkol (-j)**
Schnee, der	**hó (havat, havak, hava)**
Schneemann, der	**hóember (-t, -ek, -e)**
schnell	**gyors**
schneller werden	**gyorsul (-j)**
Schnittbohne, die	**zöldbab (-ot, -ok, -ja)**
Schnittwunde, die	**vágott seb (-et, -ek, -e)**
Schnurrbart, der	**bajusz (-ot, -ok, -a)**
einen Schnurrbart haben	**bajuszos**
schnurren	**dorombol (-j)**
Schokolade, die	**csokoládé (-t, -k, -ja)**
Scholle, die	**lepényhal (-at, -ak, -a)**
Schornstein, der	**kémény (-t, -ek, -e)**
Schön, mal wieder von Dir zu hören.	**Nagyon örültem, hogy végre írtál.**
Schranke, die	**sorompó (-t, -k, -ja)**
Schraubenzieher, der	**csavarhúzó (-t, -k, -ja)**
schreiben	**ír (-j)**
Schreibpapier, das	**levélpapír (-t, -ok, -ja)**
Schreibwarenhandlung, die	**papírkereskedés (-t, -ek, -e)**
Schubkarre, die	**talicska (-t, -k, -ja)**
Schuhe, die	**cipő (-t, -k, -je)**
Schule, die	**iskola (-t, -k, -ja)**
in der Schule	**iskolában**
Schulhalbjahr, das	**félév (-et, -ek, -e)**
Schulhof, der	**iskolaudvar (-t, -ok, -a)**
Schultasche, die	**iskolatáska (-t, -k, -ja)**
Schulter, die	**váll (-at, -ak, -a)**
schüchtern	**félénk**
Schüler, der	**tanuló (-t, -k, -ja)**
Schuppen, der	**fészer (-t, -ek, -e)**
schütteln	**ráz (rázz)**
schwach	**gyenge**
Schwanz, der	**farok (fark-at, -ak, -a)**
mit dem Schwanz wedeln	**csóválja a farkát**
schwarz	**fekete**
Schwein, das	**disznó (-t, -k, -ja)**
Schweiz, die	**Svájc (-ot)**
schwer	**nehéz**
Schwester, die	**lánytestvér (-t, -ek, -e)**
schwierig	**nehéz**
Schwimmbad, das	**uszoda (-t, -k, -ja)**
schwimmen	**úszik (ússz, úszni)**
schwitzen	**izzad (-j)**
sechs	**hat**
sechzehn	**tizenhat**
sechzig	**hatvan**
See, der	**tó (tav-at, -ak, -a)**
seekrank	**tengeribeteg**
Seemann, der	**tengerész (-t, -ek, -e)**
Seetang, der	**tengeri hínár (-t, -ok, -ja)**

Sehr geehrte Damen und Herren…	**Tisztelt Uram / Asszonyom!**
Seife, die	**szappan (-t, -ok, -ja)**
Seitenstraße, die	**mellékutca (-t, -k, -ja)**
Sekretärin, die	**titkárnő (-t, -k, -je)**
Sekunde, die	**másodperc (-et, -ek, -e)**
Sendung, die	**adás (-t, -ok, -a)**
Senf, der	**mustár (-t, -ok, -a)**
September	**szeptember (-t, -ek, -e)**
servieren	**felszolgál (-j)**
Serviette, die	**szalvéta (-t, -k, -ja)**
Sessel, der	**fotel (-t, -ek, -je)**
Sessellift, der	**sífelvonó (-t, -k, -ja)**
s. setzen	**leül (ülj le)**
Shampoo, das	**sampon (-t, -ok, -ja)**
Sicherheitsgurt, der	**biztonsági öv (-et, -ek, -e)**
sieben	**hét**
siebzehn	**tizenhét**
siebzig	**hetven**
Silvester	**szilveszter (-t, -ek, -e)**
singen	**énekel (-j)**
sitzen	**ül (-j)**
Skandinavien	**Skandinávia (-t)**
Skier, die	**síléc (-et, -ek, -e)**
Ski laufen	**síel (-j)**
zum Skilaufen gehen	**sielni megy (menj)**
Skilehrer, der	**síoktató (-t, -k, -ja)**
Skiort, der	**síelő hely (-et, -ek, -e)**
Skistiefel, die	**sícipő (-t, -k, -je)**
Skistock, der	**síbot (-ot, -ok, -ja)**
Slip, der	**bugyi (-t, -k, -ja)**
Socken, die	**zokni (-t, -k, -ja)**
Sofa, das	**heverő (-t, -k, -je)**
Sohn, der	**fia (-t, -i)**
Soldat, der	**katona (-t, -k, -ja)**
Sommer, der	**nyár (nyar-at, -ak, -a)**
Sommersprossen, die	**szeplő (-t, -k, -je)**
Sonderangebot, das	**akció (-t, -k, -ja)**
Sonne, die	**Nap (-ot, -ok, -ja)**
Sonnenaufgang, der	**napfelkelte (-t, -k, -je)**
sonnenbaden	**napozik (napozz napozni)**
Sonnenbrille, die	**napszemüveg (-et, -ek, -e)**
Sonnenschirm, der	**napernyő (-t, -k, -je)**
Sonnencreme, die	**napolaj (-at, -ak, -a)**
Sonnenuntergang, der	**naplemente (-t, -k, -je)**
Sonntag, der	**vasárnap (-ot, -ok, -ja)**
sortieren	**válogat (válogass)**
Spanien	**Spanyolország (-ot)**
Spanisch	**spanyol nyelv (-et)**
Spaß haben	**jól mulat (mulass jól)**
Spaten, der	**ásó (-t, -k, -ja)**
Spatz, der	**veréb (vereb-et, -ek, -e)**
spazieren gehen	**sétálni megy**
Speisekarte, die	**étlap (-ot, -ok, -ja)**

Speisewagen, der	**étkezőkocsi (-t, -k, -ja)**
Spiegel, der	**tükör (tükr-öt, -ök, -e)**
Spiel, das	**játék (-ot, -ok, -a)**
spielen	**játszik (játssz, játszani)**
Spieler, der	**játékos (-t, -ok, -a)**
Spielwaren	**játékosztály (-t, -ok, -a)**
Spielzeug, das	**játék (-ot, -ok, -a)**
Spinat, der	**spenót (-ot, -ja)**
Spinne, die	**pók (-ot, -ok, -ja)**
Sport	**testnevelés (-t, -e)**
Sportabteilung	**sportszerosztály (-t, -ok, -a)**
Sportplatz, der	**sportpálya (-t, -k, -ja)**
Sportwagen, der	**gyerekkocsi (-t, -k, -ja)**
springen	**ugrik (ugorj, ugrani)**
Spritze, die	**injekció (-t, -k, -ja)**
spritzen	**fröcsköl (-j)**
Sprungbrett, das	**ugródeszka (-t, -k, -ja)**
Spüle, die	**mosogató (-t, -k, -ja)**
Squash spielen	**fallabdázik (fallabdázz, fallabdázni)**
Staatspräsident, der	**államfő (-t, -k, -je)**
Stadt, die	**város (-t, -ok, -a)**
Stadtteil, der	**városrész (-t, -ek, -e)**
stark	**erős**
starten	**felszáll (-j)**
Statue, die	**szobor (szobr-ot, -ok, -a)**
Stau, der	**forgalmi dugó (-t, -k, -ja)**
staubsaugen	**porszívózik(porszívózz, porszívózni)**
Steak, das	**marhaszelet (-et, -ek, -e)**
stechen	**(meg)csíp (-j)**
Stecker, der	**csatlakozó (-t, -k, -ja)**
Stecknadel, die	**gombostű (-t, -k, -je)**
stehen	**áll (-j)**
stehlen	**lop (-j)**
steil	**meredek**
sterben	**meghal (-j)**
Stern, der	**csillag (-ot, -ok, -a)**
Steuer, die	**adó (-t, -k, -ja)**
Stiefel, die	**csizma (-t, -k, -ja)**
Stirn, die	**homlok (-ot, -ok, -a)**
die Stirn runzeln	**a homlokát ráncolja**
Stirnband, das	**fejpánt (-ot, -ok, -ja)**
Stock, der	**emelet (-et, -ek, -e)**
der erste Stock	**első emelet (-et, -ek, -e)**
der zweite Stock	**második emelet (-et, -ek, -e)**
Stoff, der	**anyag (-ot, -ok, -a)**
Stoßzahn, der	**agyar (-t, -ak, -a)**
Stöpsel, der	**dugó (-t, -k, -ja)**
Strand, der	**part (-ot, -ok, -ja)**
Straße, die	**utca (-t, -k, -ja)**
die Straße überqueren	**átmegy az utcán**
Straßenlaterne, die	**utcai lámpa (-t, -k, -ja)**
Strauß, der	**strucc (-ot, -ok, -a)**

s. strecken **nyújtózkodik (-j, nyújtózkodni)**
stricken **köt (köss)**
Strickjacke, die **kardigán (-t, -ok, -ja)**
Stricknadeln, die **kötőtű (-t, -k, -je)**
Strom, der **áram (-ot, -a)**
Strumpfhose, die **harisnyanadrág (-ot, -ok, -ja)**
Stück, das **színdarab (-ot, -ok, -ja)**
Student, der/Studentin, die **hallgató (-t, -k, -ja)**
studieren **egyetemre jár (-j)**
Stuhl, der **szék (-et, -ek, -e)**
Stunde, die **óra (-t, -k, -ja)**
Stundenplan, der **órarend (-et, -ek, -je)**
Sturm, der **vihar (-t, -ok, -a)**
subtrahieren **kivon (-j)**
suchen **keres (-s)**
Südamerika **Dél-Amerika (-t)**
Süden, der **dél**
Südpol, der **Déli-sark (-ot)**
Supermarkt, der **bolt (-ot, -ok, -ja), ABC (-t, -k, -je)**
in den Supermarkt gehen **elmegy a boltba**
Suppe, die **leves (-t, -ek, -e)**
Suppenteller, der **mélytányér (-t, -ok, -ja)**

T

Tablett, das **tálca (-t, -k, -ja)**
Tablette, die **tabletta (-t, -k, -ja)**
Tafel, die **tábla (-t, -k, -ja)**
Tag, der **nap (-ot, -ok, -ja), nappal (-t, -ok, -a)**
am nächsten Tag **másnap**
Tagebuch, das **napló (-t, -k, -ja)**
Tagesdecke, die **ágytakaró (-t, -k, -ja)**
Takt, der **ritmus (-t, -ok, -a), ütem (-et, -ek, -e)**
den Takt mitklopfen **veri a ritmust**
Tal, das **völgy (-et, -ek, -e)**
Tankstelle, die **benzinkút (-kut-at, -ak, kútja)**
Tanne, die **fenyőfa (-t, -k, -ja)**
Tante, die **nagynéni (-t, -k, -je)**
tanzen **táncol (-j)**
Tanzfläche, die **táncparkett (-et, -ek, -je)**
Tasche, die **zseb (-et, -ek, -e)**
Taschenbuch, das **zsebkönyv (-et, -ek, -e)**
Tasse, die **csésze (-t, -k, -je)**
Tastatur, die **billentyűzet (-et, -ek, -e)**
Taube, die **galamb (-ot, -ok, -ja)**
tauen **olvad (-j)**
tausend **ezer**
Taxi, das **taxi (-t, -k, -ja)**
ein Taxi rufen **taxit hív**
Taxifahrer, der **taxisofőr (-t, -ök, -je)**
Taxistand, der **taxiállomás (-t, -ok, -a)**
Tee, der **tea (-t, -k, -ja)**
Teekanne, die **teáskanna (-t, -k, -ja)**
Teich, der **csónakázótó (-tav-at, -ak, -a)**
Teint, der **bőrszín (-t, -ek, -e)**
Telefon, das **telefon (-t, -ok, -ja)**
ans Telefon gehen **odamegy a telefonhoz**
Telefonbuch, das **telefonkönyv (-et, -ek, -e)**
Telefonhörer, der **telefonkagyló (-t, -k, -ja)**
telefonieren **telefonál (-j)**
Telefonnummer, die **telefonszám (-ot, -ok, -a)**
Telefonzelle, die **telefonfülke (-t, -k, -je)**
Telegramm, das **távirat (-ot, -ok, -a)**
ein Telegramm schicken **táviratot küld**
Teller, der **tányér (-t, -ok, -ja)**
Temperatur messen **lázat mér (-j)**
Tennis spielen **teniszezik (teniszezz, teniszezni)**
Tennisplatz, der **teniszpálya (-t, -k, -ja)**
Teppich, der **szőnyeg (-et, -ek, -e)**
Teppichboden, der **padlószőnyeg (-et, -ek, -e)**
Theater, das **színház (-at, -ak, -a)**
Theke, die **pult (-ot, -ok, -ja)**
Thermometer, das **hőmérő (-t, -k, -je)**
tief **mély**
Tiefkühlkost, die **mirelitáru (-t, -k, -ja)**
Tier, das **állat (-ot, -ok, -a)**
Tiger, der **tigris (-t, -ek, -e)**
Tisch, der **asztal (-t, -ok, -a)**
den Tisch decken **megterít (teríts meg, megteríteni)**
Tischdecke, die **terítő (-t, -k, -je)**
Tischlern, das **asztalosmunka (-t, -k, -ja)**
Tochter, die **lánya (-t, -i)**
Tod, der **halál (-t, -a)**
Toilette, die **vécé, mosdó (-t, -k, -ja)**
Tomate, die **paradicsom (-ot, -ok, -a)**
Tor, das **kapu (-t, -k, -ja)**
ein Tor schießen **gólt lő**
Torte, die **torta (-t, -k, -ja)**
Torwart, der **kapus (-t, -ok, -a)**
Tourist, der/Touristin, die **turista (-t, -k, -ja)**
tragen **visel (-j), visz (vigyél, vinni)**
Tragetasche, die **szatyor (szatyr-ot, -ok, -a)**
trainieren **edz (eddz, edzeni)**
Trainingsanzug, der **melegítőruha (-t, -k, -ja)**
Trauerweide, die **szomorúfűzfa (-t, -k, -ja)**
träumen **álmodik (-j)**
Trecker, der **traktor (-t, -ok, -a)**
treffen **találkozik (találkozz, találkozni)**
treiben **sodródik (sodródj, sodródni)**

Treppe, die	**lépcső (-t, -k, -je)**
trinken	**iszik (igyál, inni)**
Trinkgeld, das	**borravaló (-t, -k, -ja)**
Trompete spielen	**trombitál (-j)**
trüb	**zavaros**
T-Shirt, das	**póló (-t, -k, -ja)**
Tulpe, die	**tulipán (-t, -ok, -ja)**
Tür, die	**ajtó (-t, -k, -ja)**
Turnschuhe, die	**tornacipő (-t, -k, -je)**

U, Ü

U-Bahn, die	**metró (-t, -k, -ja)**
U-Bahnstation, die	**metróállomás (-t, -ok, -a)**
über	**fölött, fölé**
Überfahrt, die	**átkelés (-t, -ek, -e)**
s. übergeben	**hány (-j)**
überholen	**előz (előzz)**
übermorgen	**holnapután**
Überstunde, die	**túlóra (-t, -k, -ja)**
Ufer, das	**part (-ot, -ok, -ja)**
Uhr, die	**óra (-t, -k, -ja)**
Umschlag, der	**boríték (-ot, -ok, -ja)**
umwerfen	**felborít (boríts fel, felborítani)**
unaufmerksam	**figyelmetlen**
und	**meg**
Unfall, der	**baleset (-et, -ek, -e)**
Unfallstation, die	**baleseti osztály (-t, -ok, -a)**
unhöflich	**udvariatlan**
Universität, die	**egyetem (-et, -ek, -e)**
Universum, das	**világegyetem (-et, -ek, -e)**
Unkraut jäten	**gyomlál (-j)**
Unkraut, das	**gyom (-ot, -ok, -ja)**
unscharf	**homályos**
unten	**lent**
nach unten gehen	**lemegy (menj le, lemenni)**
unter	**alatt, alá**
Unterführung, die	**aluljáró (-t, -k, -ja)**
Untergeschoss, das	**alagsor (-t, -ok, -a)**
s. unterhalten	**beszélget (beszélgess)**
s. gut unterhalten	**jól szórakozik (szórakozz, szórakozni)**
Unterhemd, das	**trikó (-t, -k, -ja)**
Unterhose, die	**alsónadrág (-ot, -ok, -ja)**
Unterrichtsstunde, die	**tanóra (-t, -k, -ja)**
Unterrock, der	**kombiné (-t, -k, -ja)**
unterschiedlich	**különböző**
Untertasse, die	**csészealj (-at, -ak, -a)**
Urlaub, der	**szabadság (-ot, -ok, -a), nyaralás (-t, -ok, -a)**
in Urlaub fahren	**nyaralni megy (menj, menni)**
USA, die	**USA**

V

Vater, der	**apa (-t, -k, apja)**
Verband, der	**kötés (-t, -ek, -e)**
Verbrennung, die	**égési seb (-et, -ek, -e)**
verfolgen	**üldöz (üldözz)**
Vergangenheit, die	**múlt (-at, -ak, -ja)**
Vergissmeinnicht, das	**nefelejcs (-et, -ek, -e)**
verkaufen	**elad (-j)**
Verkäuferin, die	**eladónő (-t, -k, -je)**
Verkehr, der	**forgalom (forgalm-at, -ak, -a)**
verlieren	**veszít (-s, -eni)**
s. verloben	**eljegyzi magát (jegyezd el, eljegyezni)**
Verpackung, die	**csomagolás (-t, -ok, -a)**
verspätet	**késik (késs, késni)**
verspielt	**játékos**
s. verstecken	**elbújik (bújj el, elbújni)**
Vertreter, der	**ügynök (-öt, -ök, -e)**
verwandt sein mit	**rokona valakinek**
Videokamera, die	**videokamera (-t, -k, -a)**
Viel Glück!	**Sok szerencsét!**
Vielen Dank für Ihren Brief vom...	**Köszönettel vettem ...-án kelt levelét**
vier	**négy**
vierte, der	**negyedike**
Viertel, das	**negyed**
viertel nach zehn	**negyed tizenegy**
viertel vor zehn	**háromnegyed tíz**
vierundzwanzig	**huszonnégy**
vierzehn	**tizennégy**
vierzig	**negyven**
Vogel, der	**madár (madar-at, -ak, -a)**
Vogelscheuche, die	**madárijesztő (-t, -k, -je)**
voll	**tele**
volltanken	**teletankol (tankolj tele)**
vor	**előtt, elé**
vorgestern	**tegnapelőtt**
Vorhang, der	**függöny (-t, -ök, -e)**
Vorhänge aufziehen, die	**elhúzza a függönyt**
Vorname, der	**utónév (nev-et, -ek, -e)**
Vorort, der	**előváros (-t, -ok, -a)**
VORSICHT, BISSIGER HUND!	**VIGYÁZZ, HARAPÓS KUTYA!**
vorsichtig	**óvatos**
Vorsitzende, die	**elnökasszony (-t, -ok, -a)**
Vorspeise, die	**előétel (-t, -ek, -e)**
vorstellen	**bemutat (mutass be)**
Vorwahl, die	**körzetszám (-ot, -ok, -a)**
vorwärts	**előre**

W

Waage, die	**mérleg (-et, -ek, -e)**
Wagen, der	**kocsi (-t, -k, -ja)**
Wahl, die	**választás (-t, -ok, -a)**

wählen	**választ (válassz, választani), tárcsáz (tárcsázz)**
wahr	**igaz**
Wald, der	**erdő (-t, -k, -je)**
Wand, die	**fal (-at, -ak, -a)**
warten auf	**vár (-j) valakire/ valamire**
Wärter, der	**őr (-t, -ök, -e)**
Wartesaal, der	**váróterem (term-et, -ek, -e)**
Was hätten Sie gerne?	**Mit parancsol?**
Was kostet ...?	**Mennyibe kerül ...?**
Wäscheklammer, die	**ruhacsipesz (-t, -ek, -e)**
Wäscheleine, die	**szárítókötél (kötel-et, -ek, -e)**
waschen	**mos (moss)**
s. waschen	**(meg)mosakszik (mosakodj, mosakodni)**
Waschlappen, der	**mosdókesztyű (-t, -k, -je)**
Waschmaschine, die	**mosógép (-et, -ek, -e)**
Wasser, das	**víz (viz-et, -ek, -e)**
ins Wasser gehen	**fürödni megy (menj, menni)**
Wasserhahn, der	**vízcsap (-ot, -ok, -ja)**
Wasserski laufen	**vízisíel (-j)**
Wechselkurs, der	**devizaárfolyam (-ot, -ok, -a)**
Wecker, der	**ébresztőóra (-t, -k, -ja)**
Weg, der	**út (utat, utak, útja)**
nach dem Weg fragen	**útbaigazítást kér**
weg von	**el valamitől**
weglaufen	**elfut (fuss el)**
weich	**puha**
Weihnachten	**karácsony (-t, -ok, -a)**
Weihnachtsbaum, der	**karácsonyfa (-t, -k, -ja)**
Weihnachtslied, das	**karácsonyi dal (-t, -ok, -a)**
der 1. Weihnachtstag	**karácsony első napja**
Wein, der	**bor (-t, -ok, -a)**
Weinberg, der	**szőlőhegy (-et, -ek, -e)**
weinen	**sír (-j)**
Weintraube, die	**szőlő (-t, -k, -je)**
weiß	**fehér**
Weißkohl, der	**káposzta (-t, -k, -ja)**
weit	**bő**
weit weg von	**messze valamitől**
weiterfahren	**továbbhalad (-j)**
Welche Größe ist es?	**Ez mekkora méret?**
Welle, die	**hullám (-ot, -ok, -a)**
Wellensittich, der	**törpepapagáj (-t, -ok, -a)**
Welt, die	**világ (-ot, -ok, -a)**
Weltraum, der	**világűr (-t)**
weniger	**-ból, -ből, kevesebb**
Werbung, die	**hirdetés (-t, -ek, -e)**
werfen	**dob (-j)**
Wer spricht da?	**Kivel beszélek?**
Wespe, die	**darázs (darazs-at, -ak, -a)**
Westen, der	**nyugat (-ot)**
Wetter, das	**időjárás (-t, -ok, -a)**
Wettervorhersage, die	**időjárás-jelentés (-t, -ek, -e)**
wichtig	**fontos**
Wie alt bist du?	**Hány éves vagy?**
Wie geht es?	**Hogy van?/Hogy vagy?**
Wie heißt du?	**Hogy hívnak?**
Wie ist das Wetter?	**Milyen idő van?**
Wie spät ist es?	**Mennyi az idő?**
Wie weit ist von hier ...?	**Milyen messze van innen ...?**
Wiederhören.	**Viszonthallásra.**
wiegen	**(meg)mér (-j)**
s. wiegen	**megméri magát (-j)**
Wiese, die	**rét (-et, -ek, -je)**
Wiesenblume, die	**mezei virág (-ot, -ok, -a)**
Wieviel macht das?	**Mennyivel tartozom?**
wild	**vad**
Wind, der	**szél (szel-et, -ek, -e)**
Windschutzscheibe, die	**szélvédő (-t, -k, -je)**
windsurfen	**szörföl (-j)**
Winter, der	**tél (tel-et, -ek, -e)**
winzig	**apró**
Woche, die	**hét (het-et, -ek, -e)**
Wochenende, das	**hétvége (-t, -k, -je)**
Wohnhaus, das	**lakóház (-at, -ak, -a)**
Wohnung, die	**lakás (-t, -ok, -a)**
Wohnungstür, die	**lakásajtó (-t, -k, -ja)**
Wohnwagen, der	**lakókocsi (-t, -k, -ja)**
Wohnzimmer, das	**nappali (-t, -k, -ja)**
Wolke, die	**felhő (-t, -k, -je)**
Wolkenkratzer, der	**felhőkarcoló (-t, -k, -ja)**
Wolle, die	**fonal (-at, -ak, -a)**
Womit kann ich dienen?	**Mivel szolgálhatok?**
Wort, das	**szó (szót, szavak, szava)**
Wurst, die	**kolbász (-t, -ok, -a)**
Wüste, die	**sivatag (-ot, -ok, -a)**

Z

zahm	**szelíd**
Zahn, der	**fog (-at, -ak, -a)**
s. die Zähne putzen	**fogat mos (moss)**
s. einen Zahn plombieren lassen	**betömeti a fogát (tömesd be)**
Zahnarzt, der	**fogorvos (-t, -ok, -a)**
Zahnbürste, die	**fogkefe (-t, -k, -je)**
Zahnpasta, die	**fogkrém (-et, -ek, -je)**
Zahnschmerzen haben	**fáj a foga**
Zebra, das	**zebra (-t, -k, -ja)**

Zebrastreifen, der	**zebra (-t, -k, -ja)**
Zeh, der	**lábujj (-at, -ak, -a)**
zehn	**tíz**
Zeit, die	**idő (-t, -k, -je)**
Zeitkarte, die	**bérlet (-et, -ek, -e)**
Zeitschrift, die	**folyóirat (-ot, -ok, -a)**
Zeitung, die	**újság (-ot, -ok, -ja)**
Zelt, das	**sátor (sátr-at, -ak, -a)**
ein Zelt aufbauen	**felveri a sátrat**
zelten	**sátorozik (sátorozz, sátorozni)**
Zentimeter, der	**centiméter (-t, -ek, -e)**
zerbrechen	**eltörik**
zerreißen	**elszakít (szakíts el, elszakítani)**
Ziege, die	**kecske (-t, -k, -je)**
ziehen	**húz (húzz)**
Zimmer, das	**szoba (-t, -k, -ja)**
ein Zimmer reservieren	**szobát foglal**
Zitrone, die	**citrom (-ot, -ok, -ja)**
Zoll, der	**vám (-ot, -ja)**
Zollbeamte, der	**vámos (-t, -ok, -a)**
Zoo, der	**állatkert (-et, -ek, -je)**
Zöpfe, die	**copf (-ot, -ok, -ja)**
zu spät kommen	**elkésik (késs el, elkésni)**
Zucker, der	**cukor (cukr-ot, -a)**
zufrieden mit	**elégedett valamivel**
Zug, der	**vonat (-ot, -ok, -a)**
der Zug aus...	**...-ból érkező vonat**
der Zug nach...	**...-ba induló vonat**
den Zug erreichen	**eléri a vonatot**
den Zug verpassen	**lekési a vonatot**
Zugabe!	**Vissza!**
Zugbegleiter, der	**kalauz (-t, -ok, -a)**
Zukunft, die	**jövő (-t, -k, -je)**
in der Zukunft	**a jövőben**
zumachen	**zár (-j)**
Zunge, die	**nyelv (-et, -ek, -e)**
zusammen	**együtt**
Zutat, die	**hozzávaló (-t, -k, -ja)**
zwanzig	**húsz**
zwei	**kettő**
der zweite	**második**
zweite Klasse	**másodosztály**
zweiunddreißig	**harminckettő**
zweiundzwanzig	**huszonkettő**
Zwiebel, die	**hagyma (-t, -k, -ja)**
Zwilling, der	**iker (ikr-et, -ek, -e)**
zwischen	**között, közé**
zwölf	**tizenkettő**

Az Usborne Publishing Ltd. sorozat tagját
magyar–németre átdolgozta Zakariás Emese

Tizedik, átdolgozott kiadás

Holnap Kiadó Kft.
1111 Budapest, Zenta u. 5.
Telefon/fax: +361-466-6928
E-mail: holnapkiado@holnapkiado.hu
www.holnapkiado.hu

A kiadásért dr. Milkovich Eszter,
a kft. ügyvezető igazgatója felel
Műszaki szerkesztő Horváth Andrea
Tördelő Csizi Krisztián

ISBN 978-963-349-009-9

Nyomta és kötötte a Reálszisztéma Dabasi Nyomda Zrt.
Felelős vezető Vágó Magdolna vezérigazgató
www.dabasinyomda.hu